Fritz Fröhlich

Wunderschöne **Schmuck-schildkröten**

Kosmos

Die Südliche Zierschildkröte ist attraktiver gezeichnet.

Rotwangen-Schmuckschildkröten können recht groß werden.

Inhalt

Extra

Ausgerechnet Schmuckschild- kröten?

Wasserschildkröten als Heimtiere haben zwar nie den Beliebtheitsgrad wie z.B. Vögel oder Fische erreicht, aber einen recht großen Liebhaberkreis haben sie doch.

Noch vor einigen Jahren konnte man in fast jedem Zoofachgeschäft zahlreiche Schildkrötenbabys sehen, die dort für wenig Geld – mit Plastikschale und Kunststoffpalme – angeboten wurden. Den Kenner stimmte dieser Anblick eher traurig, wußte er doch, daß ein sehr großer Teil dieser Tiere einem ungewissen Schicksal entgegenging.

Durch den Anblick dieser hübschen und bunten Tierchen hat sich manch einer verleiten lassen, spontan ein oder zwei davon samt Behälter und Fertigfutter zu kaufen und dann frustriert erleben müssen, daß die Tiere bald krank wurden und starben. So einfach ist die Pflege von Wasserschildkröten eben doch nicht.

Die Überlebenden dieses Desasters wuchsen dann trotz unzureichender Haltungsbedingungen heran, wurden für die vorhandenen Behälter zu groß und machten auch mehr Arbeit als erwartet.

Wohin dann damit? Jedenfalls nicht in den nächsten Bach oder Teich! Denn das ist aus gutem Grund verboten. Wer ein Tier, das er

In fernen Ländern werden Schildkröten nicht nur als Heimtiere geschätzt. Hier werden sie auf einem Markt als Nahrungsmittel verkauft.

hält oder betreut, aussetzt, um sich seiner zu entledigen, macht sich nach dem Tierschutzgesetz strafbar.

RECHTLICHE BESCHRÄNKUNGEN

Bei den früheren Massenimporten von Babyschildkröten handelte es sich ganz überwiegend um die nordamerikanische Rotwangen-Schmuckschildkröte *(Chrysemys scripta elegans)*. Diese Art ist inzwischen in Anlage 3 zur Bundesartenschutzverordnung aufgeführt, und das heißt, daß ihre Einfuhr vorher von der zuständigen Behörde genehmigt werden muß. Solche Genehmigungen werden aber für Handelszwecke nicht mehr erteilt. Der Grund für diesen Importstop ist nicht etwa eine Bedrohung des Artbestandes im Heimatgebiet. Davon kann keine Rede sein. Im übrigen kamen die oft Tausende von Tieren umfassenden Importe durchweg nicht aus der freien Wildbahn, sondern aus großen Schildkrötenfarmen im Süden der USA.
Der Grund liegt darin, daß inzwischen in zahlreichen Gewässern in Deutschland ausgesetzte Rotwangenschildkröten leben. Sie kommen zwar hier aus klimatischen Gründen nicht

zur Fortpflanzung, aber eine derartige „Faunenverfälschung" ist grundsätzlich unerwünscht, weil ausgesetzte fremdländische Tiere ja auch immer zu heimischen Arten in Konkurrenz treten und Schaden in heimischen Gewässern anrichten.
Trotz des Einfuhrverbotes werden aber immer noch Rotwangenschildkröten im Handel angeboten, was ja auch zulässig ist. Es sind größere Tiere aus Altbeständen oder Nachzuchten, eventuell auch Tiere aus illegalen Einfuhren über andere EG-Staaten.
Darüber hinaus tauchen inzwischen wieder vermehrt andere Arten aus der nächsten Verwandtschaft der Rotwange im Handel auf, die legal importiert werden dürfen und in den Haltungsansprüchen der Rotwangen-Schmuckschildkröte entsprechen.

GEEIGNETE ARTEN

Diese unter dem treffenden Namen Schmuckschildkröten zusammengefaßten Arten sind gerade wegen ihrer auffälligen, kontrastreichen Zeichnung und Farbe und ihrer Lebhaftigkeit die bei weitem beliebtesten unter den als Heimtier gehaltenen Wasserschildkröten. Deshalb beschränkt sich

Schildkröten sind erdgeschichtlich sehr alt – hier ein Fund aus dem Eozän von Messel.

dieses Buch im wesentlichen auf diesen Artenkreis. Vieles trifft aber auch auf andere Arten zu. Darüber mehr im letzten Kapitel ab S. 54.
Ein Hinweis auf das Tierschutzgesetz sei noch gestattet. Dort heißt es in § 2: „Wer ein Tier hält, betreut oder zu betreuen hat, muß das Tier seiner Art und seinen Bedürfnissen entsprechend angemessen ernähren, pflegen und verhaltensgerecht unterbringen." Diese Forderung nach „artgerechter Haltung" erfüllen zu helfen und die Schildkröten sowie ihre Halter vor Schaden zu bewahren, ist das Ziel dieses Buches. Nur wer alles Notwendige tut, um dieser Forderung nachzukommen, wird auch Freude an seinen Heimtieren haben.

Biologie und Heimat

Was sind Schmuck-schildkröten?

Weltweit gibt es etwa 220 Schildkrö-tenarten, die von den Wissenschaftlern gemäß ihrer entwicklungsgeschichtli-chen Verwandtschaft in 12 Familien eingeteilt werden. Die umfangreichste dieser Familien ist die der Emydidae (Sumpfschildkröten).

Als Schmuckschildkröten werden hiervon allgemein die Arten der Gattung *Chrysemys* bezeichnet. In älteren Büchern findet man einen Teil dieser Arten noch unter dem Namen *Pseudemys*. Die Trennung in die Gattungen *Chrysemys* und *Pseudemys* wird aber in der neueren Literatur nicht mehr aufrechter-halten.

AUSSEHEN

Der Name Schmuckschild-kröte deutet auf eine Beson-derheit hin: Diese Arten sind durch ein sehr kon-trastreiches, buntes Muster von Linien, Flecken und Kringeln in grün, gelb und rot auf Rückenpanzer, Kopf und Beinen gekennzeich-net.

Die sehr nahe verwandte Gattung *Graptemys* kann man hier zwanglos mit ein-beziehen und bezeichnet sie als Höckerschmuck-schildkröten. Der auffällig-ste Unterschied zur Gat-tung *Chrysemys* ist die Pan-zerform. Besonders bei Jungtieren ist der Rücken-panzer dachförmig mit ei-nem deutlichen First, auf dem sich mehr oder weni-ger ausgeprägte Höcker be-finden können.

KÖRPERBAU

Von der Form her sind Schmuckschildkröten typi-sche Sumpfschildkröten, d.h. ihr Panzer ist – vergli-chen mit dem der Land-schildkröten – ziemlich flach und von oben gese-hen bei Jungtieren fast

Hieroglyphen-Schmuckschildkröte

Die Rotwangen-Schmuckschildkröte und ihre Heimat

Rotwangen-Schmuckschildkröte **Gelbwangen-Schmuckschildkröte**

kreisrund, bei älteren längs-oval. Ihren Füßen sieht man an, daß sie gute Schwimmer sind. Wie die meisten Schildkröten können sie Kopf und Beine weitgehend in den Panzer zurückziehen. Dieser Panzer besteht aus dem Bauchpanzer und dem Rückenpanzer (Plastron und Carapax), die an den Seiten durch eine feste Brücke verbunden sind. Aufgebaut ist der Panzer aus Knochenplatten, die von Hornschildern bedeckt sind.

ARTEN UND UNTERARTEN

Die Zahl der existierenden Schmuckschildkrötenformen läßt sich nur ungefähr angeben, weil die Abgrenzung zwischen den einzelnen Arten und Unterarten

sehr schwierig ist und die damit befaßten Wissenschaftler sich noch längst nicht einig sind. Der Einteilung von F.J. Obst (1983) folgend, umfaßt die Gattung *Chrysemys* 6 Arten in insgesamt 41 Unterarten. In der Gattung *Graptemys* sind es nach Wermuth und Mertens (1961) 6 Arten mit zusammen 11 Unterarten. Es kann hier nicht die Beschreibung aller Arten und Unterarten erfolgen. Dem Laien würde es auch dann oft nicht möglich sein, eine genaue Bestimmung vorzunehmen. Dies um so mehr, als auch in der Natur gar nicht so selten Mischlinge vorkommen, deren Einordnung nur dem Spezialisten möglich ist.
Sehr viele dieser Arten oder Unterarten kommen auch fast nie in den Handel und

in die Hände von Liebhabern, weil etliche von ihnen nur ein sehr kleines Verbreitungsgebiet haben, aus dem nicht exportiert wird. Das gleiche gilt für die in Mittel- und Südamerika und in der Karibik lebenden Arten.
Das Angebot für den Liebhaber beschränkt sich auf die in Nordamerika weiter verbreiteten Formen. Im folgenden soll nun – ohne Anspruch auf Vollständigkeit – eine Übersicht über die häufiger zu bekommenden Schmuckschildkröten, ihre Herkunft und auffälligen Erkennungsmerkmale gegeben werden.

GELBWANGEN-SCHMUCKSCHILDKRÖTE

Chrysemys scripta scripta
Auffälligstes Merkmal dieser Schmuckschildkröten-

art ist ein gelber, senkrechter Streifen hinter dem Auge. Auf den Seitenschildern des Rückenpanzers befinden sich gelbliche Bänder, auf dem vorderen Bauchpanzer einzelne runde, dunkle Flecken.

Das Verbreitungsgebiet der Gelbwangen-Schmuckschildkröte ist der Südosten der USA von Virginia bis Florida.

ROTWANGEN-SCHMUCK-SCHILDKRÖTE

Chrysemys scripta elegans
Charakteristisch und namensgebend für diese Schmuckschildkrötenart ist der rote Streifen hinter dem Auge. Sie ist in den mittleren USA weit verbreitet und kommt von Illinois bis zur Golfküste und von Tennessee bis Texas vor.

FLORIDA-SCHMUCK-SCHILDKRÖTE

Chrysemys floridana
Der Bauchpanzer der Florida-Schmuckschildkröte ist gelblich und trägt keine Zeichnung. Es gibt drei Unterarten.

Das Verbreitungsgebiet liegt im Südosten der USA, von Virginia bis Texas.

HIEROGLYPHEN-SCHMUCKSCHILDKRÖTE

Chrysemys concinna hieroglyphica
Die Hieroglyphen-Schmuckschildkröte trägt eine dunkle Zeichnung entlang der Nähte des Bauchpanzers. Es gibt vier weitere Unterarten. Die Unterscheidung von *Chrysemys floridana* ist schwierig, unter anderem, weil es häufig Mischlinge der beiden Arten gibt.

FLORIDA-ROTBAUCH-SCHILDKRÖTE

Chrysemys rubriventris nelsoni

Gelbwangen-Schmuckschildkröten leben in solchen „Bogs", wassergefüllten Senken ohne Zu- und Abfluß (Nordflorida).

Das charakteristische Merkmal der Florida-Rotbauchschildkröte ist, wie der Name schon sagt, der immer mehr oder weniger rote Bauch.
Das Verbreitungsgebiet liegt in Florida.

ZIERSCHILDKRÖTE

Chrysemys picta
Zierschildkröten haben einen auffallend glatten Rükkenpanzer. Der Unterrand des Rückenpanzers ist mit einer schwarz-roten Zeichnung versehen. Es gibt vier Unterarten:

Hieroglyphen-Schmuckschildkröte

Chrysemys picta picta
Der Bauchpanzer dieser Unterart ist gelblich und hat keine Zeichnung. Sie ist an der Ostküste Nordamerikas von Süd-Kanada bis Georgia verbreitet.

Chrysemys picta dorsalis
Auch bei der „Südlichen Zierschildkröte" trägt der Bauchpanzer keine Zeichnung; auf dem Rücken befindet sich ein orangeroter Aalstrich. Die Schildkröte

lebt im Einzugsgebiet des Mississippi von Illinois bis zur Golfküste.

Chrysemys picta marginata
In der Mitte des Bauchpanzers befindet sich bei dieser

Bereits junge Rotbauch-Schmuckschildkröten haben den namensgebenden roten Bauch.

Westliche Zierschildkröte *(Chrysemys picta belli)*

Unterart eine längliche, dunkle Zeichnung. Das Verbreitungsgebiet liegt im südlichen Mittel-Kanada bis Tennessee.

Chrysemys picta belli
Diese „Westliche Zierschildkröte" hat eine ausgedehnte bunte Zeichnung auf dem ganzen Bauchpanzer.
Der Lebensraum befindet sich im westlichen Süd-Kanada bis Missouri und Oregon.

MISSISSIPPI-HÖCKER-SCHILDKRÖTE

Graptemys kohnii
Die Mississippi-Höckerschildkröte hat einen dachförmigen Rückenpanzer; auf dem First befinden sich Höcker. Weiteres Merkmal ist eine halbmondförmige gelbe Zeichnung hinter dem Auge.
Die Art bewohnt das Einzugsgebiet des Mississippi.

DIE ARTEN IN DER ÜBERSICHT

lateinischer Name	deutscher Name	englischer Name
Chrysemys concinna hieroglyphica	Hieroglyphen-Schmuckschildkröte	Slider
Chrysemys floridana	Florida-Schmuckschildkröte	Cooter
Chrysemys picta	Zierschildkröte	Painted Turtle
Chrysemys rubriventris nelsoni	Florida-Rotbauchschildkröte	Red-bellied Turtle
Chrysemys scripta elegans	Rotwangen-Schmuckschildkröte	Red-eared Turtle
Chrysemys scripta scripta	Gelbwangen-Schmuckschildkröte	Yellow-bellied Turtle
Graptemys kohnii	Mississippi-Höckerschildkröte	Mississippi-Mapturtle
Graptemys pseudogeographica	Falsche Landkartenschildkröte	False Map Turtle

Zierschildkröte (*Chrysemys picta marginata*)

Die südliche Zierschildkröte (*Chrysemys picta dorsalis*) **ist die kleinste Schmuckschildkrötenart.**

FALSCHE LANDKARTEN-SCHILDKRÖTE

Graptemys pseudogeographica

Auch bei dieser Art ist der Rückenpanzer dachförmig, und auf dem First befinden sich Höcker. Der gelbe Fleck hinter dem Auge ist oval oder fast rechteckig. Es gibt drei Unterarten. Die Falsche Landkarten-Schildkröte lebt im mittleren Bereich der USA von Wisconsin bis Louisiana.

GRÖSSE

Die Größenangaben in der Literatur sind meist in Einzelfällen festgestellte Maximalgrößen, die aber Ausnahmen sind. Die in Freiheit und Menschenobhut erreichten „Normalgrößen" liegen deutlich niedriger. So kann die bekannte Rotwange zwar 30 cm erreichen; Tiere von 20 bis 25 cm sind aber schon recht stattliche Exemplare. Noch etwas größer werden Florida-, Hieroglyphen- und Rotbauch-Schmuckschildkröten, bei denen unter guten Bedingungen 30 bis 35 cm erreicht werden, Tiere von mehr als 40 cm aber Raritäten sind. Die kleinste Art ist die Zierschildkröte (*Chrysemys picta*), insbesondere *Chr. picta dorsalis*, die allenfalls 15 cm erreicht.

Diese Angaben beziehen sich auf die Weibchen. Die Männchen bleiben etwa ein Drittel kleiner.

Am auffälligsten ist der Größenunterschied der Geschlechter bei den Höckerschmuckschildkröten. Bei den hier genannten Arten werden die Weibchen mit 20 bis 24 cm doppelt so groß wie die Männchen. Die sehr unterschiedlichen Größenangaben erklären sich u.a. daraus, daß Schildkröten – wie alle Reptilien – lebenslänglich wachsen, wobei sich die Wachstumsgeschwindigkeit mit zunehmendem Alter jedoch stark verlangsamt. Bei warmblütigen Tieren (Säugetiere, Vögel) ist recht jung die Endgröße erreicht.

LEBENSDAUER

Extreme Größenangaben bei Schildkröten beziehen sich daher immer auf außergewöhnlich alte Tiere von 30 bis 40 Jahren. Die durchschnittliche Lebenserwartung von Schmuckschildkröten dürfte aber eher zwischen 20 und 30 Jahren liegen.

Fortpflanzungsfähig werden die meisten Schmuckschildkröten im Alter von 3 bis 5 Jahren im männlichen Geschlecht. Die Weibchen brauchen mit 6 bis 10 Jahren etwas länger. Die

Schmuckschildkröten-Biotop im Überschwemmungsgebiet eines großen Flusses (Süd-Georgia).

Wachstumsgeschwindigkeit und damit die erreichte Größe und der Eintritt der Geschlechtsreife sind aber auch sehr von den Umgebungsfaktoren abhängig: dem Nahrungsangebot und dem jahreszeitlichen Temperaturverlauf, in Menschenobhut sicher auch vom Platzangebot.

KLIMA UND WETTER

Die hier behandelten Schildkrötenarten besiedeln den nordamerikanischen Kontinent östlich der Felsengebirge vom südlichen Kanada bis zum Golf von Mexiko. Diese Gebiete umfassen also gemäßigte und subtropische Klimazo-

Mississippi-Höckerschildkröte

nen. Das nordamerikanische Klima zeichnet sich – verglichen mit West- und Mitteleuropa – durch sehr sonnenreiche, warme Sommer und kalte Winter aus. Schildkröten sind „wechselwarme" Tiere, die ihre Körpertemperatur nicht – wie Säugetiere und Vögel – unabhängig von der Umgebungstemperatur regulieren können. Sie regulieren aber ihre Körpertemperatur durch Ortswechsel und brauchen daher Sonne, um die nötige „Betriebstemperatur" für ihren Stoffwechsel zu erreichen.

In der Nähe von New York beobachtete ich mehrmals eine Gruppe von Zierschildkröten *(Chrysemys picta picta)* in einem kleinen Waldsee. Die Wasser-

temperatur betrug Mitte April nur 10 bis 12 °C. Die Schildkröten waren dennoch im flachen, klaren Wasser bei der Nahrungssuche zu beobachten. Vom späten Vormittag bis in den Nachmittag hinein versammelten sie sich dann in großer Zahl auf einer schrägen, sonnenexponierten Felsplatte, um sich dort die für die Verdauung nötige Körpertemperatur zu holen.

Alle Schmuckschildkröten sind ausgesprochene „Sonnenanbeter". Sie plazieren sich auch häufig so, daß die Sonnenstrahlen senkrecht auftreffen, und spreizen dabei Hals und Beine weit ab, um die Strahlung besser aufzunehmen.

Sie sind auf die Aufnahme von Strahlungswärme ange-

wiesen, aber auch die Lichtintensität und der ultraviolette Anteil des Sonnenlichtes beeinflussen ihren Stoffwechsel. Vereinfacht kann man sagen, daß es vorrangig die Summe der Sonneneinstrahlung von April bis Oktober ist, die diesen Tieren das Überleben und eine gute Entwicklung in einem Gebiet ermöglicht. Demgegenüber ist die Winterkälte von geringer Bedeutung. Für eine am Gewässergrund überwinternde Schildkröte ist es nicht so wichtig, ob es über dem Eis ein paar Kältegrade mehr oder weniger sind.

LEBENSRAUM

In Amerika kann man Schmuckschildkröten in sehr unterschiedlich aussehenden Gewässern finden. Aber bei genauerer Beobachtung zeigt sich, daß gewisse Gewässerteile bevorzugt, andere gemieden werden. Die großen *Chrysemys*-Arten leben überwiegend in Seen und langsam fließenden Flüssen besonders dort, wo eine reiche Vegetation von Wasserpflanzen und Schwimmpflanzen Deckung und Nahrung bietet.

Auch das Vorhandensein von geeigneten Plätzen zum Sonnenbaden in der Uferregion spielt eine Rolle.

Die Höckerschmuckschildkröten werden meist in größeren Flüssen angetroffen, wobei Jungtiere und die Männchen mehr die flache, pflanzenreiche Uferregion bevorzugen und die großen Weibchen sich mehr im tiefen Wasser aufhalten.

Sie benutzen zum Sonnenbaden gerne Baumstämme, die in den Fluß gefallen sind und schräg aus dem Wasser ragen. Dort fühlen sie sich sicher, weil sie bei Gefahr nur seitlich herunterrutschen müssen, um schnell im Wasser zu verschwinden.

Bei den Zierschildkröten im Norden der USA hat man beobachtet, daß sie im Frühjahr zunächst aus den größeren Überwinterungsgewässern abwandern und kleinere, flache Gewässer aufsuchen, die sich schneller erwärmen. Später wandern sie wieder in die größeren Gewässer zurück. Normalerweise halten Schmuckschildkröten sich an Land im unmittelbaren Uferbereich auf, um schnell ins Wasser fliehen zu können. Gelegentlich gehen sie aber auch größere Strecken über Land, um andere Gewässer aufzusuchen.

Im mittleren Florida erlebte ich einmal eine Massenwanderung, bei der innerhalb von 30 Minuten mindestens 1000 große Florida-Schmuckschildkröten während eines starken Gewitterregens etwa 500 m weit von einem See in den anderen wanderten und dabei eine Straße querten.

DER TAGESABLAUF

Schmuckschildkröten sind tagaktiv. Bei Nacht ruhen sie in flacherem Wasser und tauchen von Zeit zu Zeit auf, um zu atmen. Der Tagesablauf besteht dann aus einem je nach Jahreszeit und Wetterlage unterschiedlichen Wechsel zwischen Nahrungssuche und Sonnenbaden. Häufig kann man an Stellen mit besonders reichlichem Nahrungsangebot oder an günstigen Sonnenplätzen Ansammlungen von Schildkröten

Falsche Landkartenschildkröte

mehrerer Arten beobachten. Schmuckschildkröten sind untereinander recht verträglich.

ÜBERWINTERUNG

Den Winter verbringen die Schildkröten auf dem Grund der Gewässer. Durch die tiefen Temperaturen von unter Umständen nur 2 bis 4 °C ist der Stoffwechsel stark reduziert und damit der Sauerstoffbedarf minimal. Dadurch sind die Tiere in der Lage, ohne Luftatmung auszukommen. Die erforderlichen geringen Sauerstoffmengen nehmen sie über die Schleimhäute auf. Außerdem stellen sich bestimmte Stoffwechselvorgänge um und laufen zum Teil ohne Sauerstoff ab.

DER FRÜHLING

Mit den langsam ansteigenden Wassertemperaturen und der zunehmenden Tageslänge werden auch die Schildkröten wieder aktiv; je nach geographischer Lage zwischen Anfang März und Ende April. Bei *Chrysemys picta* hat man festgestellt, daß sie bereits bei einer Temperatur von 8 bis 10 °C Nahrung aufnimmt und auch schon Balzverhalten zeigt.
Bei südlicher lebenden Arten dürfte dieser Grenzwert

Ein Sumpfgebiet in Zentralflorida, in dem viele Schmuckschildkröten leben

etwas höher liegen. Die Tiere werden aber auf jeden Fall bemüht sein, einen geschützten Platz zu finden, um möglichst bald die erste Frühlingssonne zu nützen. Die optimale Temperatur für ihre Aktivität liegt für alle Arten bei etwa 30 °C, und jede Schildkröte ist bestrebt, wenigstens für einige Stunden am Tag diese Temperatur zu erreichen. Durch die Aufnahme der Wärmestrahlung der Sonne ist das auch möglich, wenn die Lufttemperatur noch wesentlich niedriger liegt. Außerdem liegt die Körpertemperatur der Tiere infolge der bei den Stoffwechselvorgängen freiwerdenden Energie immer etwas höher als die Umgebungstemperatur.

Die Balz

Mit den ersten Frühjahrsaktivitäten erwacht auch der Fortpflanzungstrieb, und die Männchen fangen an, nach Weibchen zu suchen. Begegnet ihnen eine andere Schildkröte, erkennen sie Art und Geschlecht am Geruch. Mit dem Balzverhalten prüft das Männchen, ob das Weibchen paarungsbereit ist.

Bei *Chrysemys scripta* und *Chr. picta* schwimmt das Männchen das Weibchen schräg von vorne an, streckt dabei die Vorderbeine mit den langen Krallen weit vor und führt mit ihnen zitternde Bewegungen aus, berührt dabei auch den Kopf des Weibchens. Ist dieses zur Paarung bereit, reitet das Männchen von hinten auf, um seinen ausgestülpten Penis in die Kloake des Weibchens einzuführen.

Bei *Chr. concinna, Chr. floridana* und *Chr. rubriventris* schwimmt das Männchen von hinten über das Weibchen, wobei es mit den Vorderbeinen die gleichen Bewegungen ausführt. Die verlängerten Krallen der Männchen dienen also nicht etwa zum Festhalten, was auch gar nicht möglich wäre.

Eine einmalige Paarung reicht zur Befruchtung mehrerer Gelege.

DER SOMMER

Die Eiablage

Im Frühsommer, meist von Mai bis Juli, schreiten die Weibchen dann zur Eiablage. Dafür müssen sie zunächst einen geeigneten Platz suchen und sind dabei recht wählerisch. Bevorzugt werden sonnige Böschungen mit sandigem Boden, die höher liegen als das Ufer, d.h. außerhalb der eventuellen Über-

Ein typischer Sonnenplatz für Schmuckschildkröten

Hin und wieder wandern Schmuckschildkröten auch über Land.

schwemmungszone. Dazu wandern die Weibchen, wenn erforderlich, auch einige hundert Meter vom Ufer weg.

Dort graben sie dann mit den Hinterbeinen eine Grube, deren Tiefe etwa ihrer Panzerlänge entspricht. Je nach Art und Größe des Weibchens wird dann ein Gelege von ca. 5 bis 25 Eiern, bei sehr großen Weibchen auch noch mehr, in der Grube deponiert, die anschließend wieder zugescharrt und an der Oberfläche geglättet wird. Die Weibchen legen im Laufe des Sommers im Abstand von 2 bis 4 Wochen 4 bis 6 Gelege an.

Die Jungen

Sie schlüpfen je nach Temperatur nach 70 bis 130 Tagen. Sie verlassen dann die Nestgrube und wandern zum Wasser. Bei späten Gelegen ist es für die Schlüpflinge oft schon zu kalt, was vor allem im nördlichen Teil des Verbreitungsgebietes häufig vorkommt. Dann bleiben sie im Ei oder schlüpfen zwar aus, bleiben aber in der Nestgrube, um erst im nächsten Frühjahr das Wasser aufzusuchen.

DER HERBST

Bis zum Spätsommer haben die Schildkröten bei reichlichem Nahrungsange-

bot ihre Reserven wieder aufgefüllt. Die Futteraufnahme läßt nach und hört schließlich auf, wenn die untere Grenze der Aktivitätstemperatur erreicht ist. Die Tiere haben sich dann in den Mulm des Gewässerbodens zurückgezogen. Die Winterruhe ist eigentlich eine durch die Umgebungstemperatur verursachte Kältestarre und mit dem Winterschlaf bestimmter Säugetiere nicht zu vergleichen.

ERNÄHRUNG

Schmuckschildkröten sind auf gemischte Kost eingestellt und nehmen in der

Mit ihren scharfen Krallen können sie die Hindernisse im Gelände kletternd überwinden.

Natur ein breites Spektrum tierischer und pflanzlicher Nahrung zu sich.

Der Anteil an pflanzlicher Kost ist je nach Art und Alter sehr unterschiedlich. Von erwachsenen Florida- und Hieroglyphenschildkröten weiß man, daß sie in vielen Fällen fast reine Vegetarier sind. Unterwasserpflanzen, Schwimmpflanzen und Algen werden bevorzugt gefressen. Jungtiere leben zunächst überwiegend von tierischer Kost; erst mit zunehmendem Alter steigt der pflanzliche Anteil. Bei den Jungtieren spielen vor allem Kleinkrebse (Wasserflöhe, Flohkrebse)

eine Rolle, aber auch Insektenlarven und Würmer jeglicher Art sind dabei. Gehäuseschnecken werden von größeren Tieren gerne gefressen.

Eine Schmuckschildkröte wird fast nie in der Lage sein, einen gesunden Fisch zu erbeuten, an toten Fischen ist sie jedoch sehr interessiert. Insofern spielen die Schildkröten dort, wo sie reichlich vorkommen, auch eine Rolle als Gesundheitspolizei, indem sie Aas „entsorgen".

In ihrer Nahrungsauswahl sind sie Opportunisten, die sich rasch auf das einstellen, was gerade reichlich im Angebot ist.

FRESSEN UND GEFRESSEN WERDEN

Aus dem recht hohen Alter, das Schmuckschildkröten erreichen können, und der großen Anzahl abgelegter Eier kann man schon den Schluß ziehen, daß die Ausfallrate auf dem Weg vom Ei zum fortpflanzungsfähigen Tier sehr hoch sein muß. Tatsächlich ist das Spektrum der natürlichen Feinde vielfältig.

Schon die Eier haben ihre besonderen Liebhaber. Füchse, Waschbären und Opossums graben die Gelege häufig aus, um die Eier zu verzehren. Die frisch geschlüpften Jungen sind auf

Schwimmblätter bieten auch den Jungtieren Deckung.

dem Weg zum Wasser vielen Gefahren ausgesetzt. Für die Kleinraubtiere sind auch Babyschildkröten ein Leckerbissen. Greifvögel, Krähen und Möven beteiligen sich daran.
Im Wasser angekommen, sind die kleinen Schildkrö-

Die großen Schildkröten sind durch ihren starken Panzer zwar besser geschützt, aber auch sie leben nicht gefahrlos. Vor allem im Südosten ihres Verbreitungsgebietes von Florida bis Texas lebt im gleichen Biotop der Mississippi-Alligator. Diese Panzerechse ist sicher einer der Hauptfeinde der Schmuckschildkröten.

Möglicherweise hängt es damit zusammen, daß die vor allem im Verbreitungsgebiet des Alligators lebenden Schmuckschildkrötenarten im Laufe ihrer Entwicklungsgeschichte einen besonders starken Panzer ausgebildet haben.

Schließlich ist auch der Einfluß des Menschen auf die Schildkrötenbestände nicht zu übersehen. Im Süden der USA sind große Schmuckschildkröten für bestimmte Bevölkerungskreise immer noch eine willkommene Bereicherung des Speisezettels. Schwerwiegender sind aber die Eingriffe in die Landschaftsstruktur durch Gewässerausbau, Straßenbau und Umweltverschmutzung, die so manches Schildkrötenbiotop beeinträchtigen oder zerstören.

Mit ihren scharfen Hornschneiden können Schmuckschildkröten unangenehm beißen.

ten auch noch nicht außer Gefahr, denn Reiher und andere Wasservögel machen Jagd auf sie. Die oft im gleichen Gewässer lebenden großen Schnappschildkröten nutzen die Gelegenheit ebenfalls, und so mancher Schlüpfling wird auch im Magen eines Hechtes landen.

Kauf und Unterbringung

Eine Schmuck-schildkröte kommt ins Haus

Schmuckschildkröten machen viel Freude, wenn man ihre Anschaffung richtig plant und für die artgerechte Unterbringung sorgt.

WICHTIGE HINWEISE

Schildkröten sind und bleiben Wildtiere, auch dann, wenn sie schon in der Obhut des Menschen aus dem Ei geschlüpft sein sollten. Die echten Heimtiere wie Hund, Kaninchen oder Kanarienvogel haben sich in vielen Generationen an das Leben mit dem Menschen angepaßt; dazu hatten die Schildkröten noch keine Gelegenheit.

Ihre Reaktionen sind auf die Umwelt in Freiheit eingestellt. Das schnelle Abtauchen vom Sonnenplatz ist in Freiheit eine lebenswichtige Reaktion, die sie in Menschenobhut beibehalten. Deshalb ist es besser, wenn das Schildkrötenheim an einer ruhigen Stelle des Zimmers steht, wo die Tiere nicht ständig gestört werden.

Man soll die Tiere auch nicht öfter als nötig in die Hand nehmen. Ergriffen und festgehalten zu werden, ist für ein Wildtier schwerer Streß. Keinesfalls sind Schildkröten geeignete „Spieltiere" für kleinere

Schmuckschildkröten benötigen ein großes Terrarium mit genügend Schwimmraum und fühlen sich im Sommer draußen am wohlsten.

Kinder; die größeren werden aber Freude an der Beobachtung und der Mithilfe bei der Pflege haben.
Bei der Besetzung des Schildkrötenheimes sollte man maßhalten. Für eine Zimmeranlage sind 2 bis 3 Tiere genug, und sie sollten einer Art oder nahe verwandten Arten angehören. Die Größenunterschiede der Bewohner sollen nicht zu groß sein, sonst werden die kleineren herumgeschubst und beim Füttern abgedrängt.

▶ Bitte prüfen Sie auch, ob die Schildkröten gesund sind (Checkliste S. 43).

DER TIP: Bei wenigen Tieren hat man auch den Vorteil, daß man sie aus der Hand bzw. mit der Pinzette füttern kann. Dann weiß man, was jedes Tier abbekommen hat, und das Wasser bleibt sauberer. Übersetzte Becken sind nicht nur Streß für die Tiere, sondern auch für ihren Halter.

GESCHLECHTS-UNTERSCHIEDE

Für den Liebhaber, der Schildkröten erwerben will, ist es natürlich wichtig, die Geschlechter zu erkennen. Dies ist bei großen Tieren kein Problem.
Bei Schildkröten liegen die Ausgänge der Verdauungs-, Harn- und Geschlechtsorgane in der sogenannten Kloake; d.h. an der Schwanzunterseite sieht man nur eine Körperöffnung. Das männliche Be-

Schildkrötenbabys sind empfindlich, man sollte lieber größere Tiere kaufen.

gattungsorgan liegt eingestülpt in der Kloake. Damit hängt zusammen, daß bei den Männchen die Kloakenöffnung weiter hinten liegt und der Schwanz im Ansatz deutlich breiter und länger ist.

Bei Männchen ist der Bauchpanzer etwas nach innen gewölbt; bei den Weibchen ist er dagegen flach.

Gerade die Schmuckschild-kröten haben aber noch ein weiteres, sehr auffälliges Unterscheidungsmerkmal: die Zehennägel an den Vorderfüßen sind bei den Männchen sehr viel länger als bei den Weibchen.

Bei Schildkrötenbabys sind Geschlechtsunterschiede noch nicht zu erkennen. Erst bei 2- bis 3jährigen Tieren ergibt der Vergleich von mehreren Tieren Anhaltspunkte.

Bevor man sich Schildkröten anschafft, muß man sich selbstverständlich Gedanken machen, wo und wie man sie unterbringt. Für ein paar Babyschildkröten kann man natürlich schnell ein kleines bis mittleres Aquarium umfunktionieren.

Solche Improvisationen haben aber den Nachteil, daß sie doch leicht zum Dauerzustand werden, mit dem dann weder die Tiere noch ihr Besitzer zufrieden ist. Beim Erwerb der Tiere sollte zumindest schon fest geplant sein, wann, wie und wo das endgültige Schildkrötenheim entstehen soll.

DAS SCHILD-KRÖTENHEIM

Das ideale und voll ausgestattete Heim für größere Schmuckschildkröten wird man im Handel meist nicht kaufen können. Etwas Phantasie und Bastelei ist schon erforderlich. Häufig kann man aber beim Fachhändler den Grundbehälter zum weiteren Ausbau nach vorgegebenen Maßen anfertigen lassen und so den vorgesehenen Platz optimal ausnutzen.

Für 2 bis 3 mittelgroße Rotwangenschildkröten sollte ein Becken von 100 x 50 cm Grundfläche ausreichen; mehr ist natürlich auch kein Fehler.

Der Landteil

Er sollte etwa ein Drittel bis ein Viertel der Fläche des Wasserteiles haben und muß fest eingebaut werden. Eine schwimmende Insel, etwa ein großes Stück Korkrinde, ist auf keinen Fall ausreichend, weil die Schildkröten Schwierigkei-

Das wärmende helle Sonnenlicht ...

ten haben, hinaufzuklettern, und auch weil der Landteil zur Gesunderhaltung der Tiere unbedingt trocken sein muß.

Man kann den Landteil durch Einkleben einer Trennscheibe herstellen, hinter der dann mit entsprechendem Material aufgefüllt wird. Dies kann bei großen Behältern angebracht sein, wenn man züchten will. Dabei entsteht gleich ein geeigneter Platz für die Eiablage. Der Nachteil bei kleineren Becken ist jedoch, daß viel Platz für den Wasserteil verlorengeht. Günstiger ist es, das ganze Becken für den Wasserteil zu nutzen und den Landteil darüber anzuordnen. In einem Glasaquarium klebt man dazu einige Glasstreifen als Auflage mit Siliconkleber an die Wände. Als Landteil kommt dann eine Glas- oder Kunststoffplatte darauf, die einige Zentimeter über der vorgesehenen Wasserhöhe liegen soll. Anstelle der Platte kann auch eine passende Wanne mit einer Bodenfüllung eingehängt werden.

An der Seite dieses Landteiles wird, angelehnt an eine Seitenwand, eine Rampe in einem Winkel von etwa 45 Grad angebracht, die noch ein Stück ins Wasser hineinreicht. Damit die Schildkröten darauf gut laufen können, werden die Platte und die Rampe mit einem griffigen Belag versehen. Dazu eignet sich z.B. Teppichboden oder sogenannter Kunstrasen.

Die Tiere können so den Raum unter dem Landteil auch noch zum Schwimmen nutzen, und zum Ruhen suchen sie diesen dunklen Teil des Wasserbeckens ebenfalls gerne auf.

Bei größeren Becken mit entsprechend großem Landteil besteht noch die Möglichkeit, in die Platte einen Ausschnitt zu machen, in den eine Wanne mit Bodenfüllung eingehängt wird.

Denkbar ist auch ein Schildkrötenheim, bei dem ein Aquarium oder Kunststoffbehälter nur als Wasserteil dient und der Landteil aus Holz oder anderem Material dahinter oder daneben angebaut wird. Der Phantasie und dem handwerklichen Geschick des Schildkrötenhalters sind hier keine Grenzen gesetzt. Auch bei Becken mit Trennscheibe zwischen Land und Wasser muß eine Rampe oder Treppe eingebaut werden, damit die Tiere den Landteil leicht erreichen können. Wegen ihres starren Panzers haben sie Schwierigkeiten, über eine senkrechte Wand aufs Land zu kommen.

In kleineren Aquarien zur Aufzucht kann man einen Landteil als Treppe aus Klinkersteinen aufbauen. Da die Steine bald veralgen, sieht das recht dekorativ aus.

... muß drinnen durch Lampen ersetzt werden.

Design muß auch sein

Steht das Schildkrötenheim in der Wohnung, soll es ja nicht nur die Bedürfnisse der Schildkröten befriedigen, sondern auch ansprechend aussehen. Dazu ist ein wenig Phantasie erforderlich. Hier können nur

Bepflanzung

Auf Pflanzen im Schildkrötenheim braucht man aber nicht zu verzichten.
Ein Blumenkasten hinter oder neben dem Domizil der Tiere oder ein Epiphytenast darüber verbessern den Gesamteindruck schon

Dekorationsmaterial

Hinter der Rückscheibe kann man Korktapete oder ähnliches Material befestigen. Sehr praktisch sind auch Schieferplatten, die man in verschiedenen Größen und Formen beim Dachdeckerbedarfshandel bekommt. Vor die Rückwand gesetzt, machen sich diese Platten gut.
Wenn man im Wasserbecken wegen der Reinigungsmöglichkeit keine Bodenfüllung einbringt, der blanke Glasboden aber optisch stört, deckt man den Boden mit solchen Platten ab. Vielerlei andere Materialien lassen sich noch verwenden, z.B. Korkrinde, Bambusrohre, Wurzeln und Steine. Hier gilt: Probieren geht über Studieren.

DER WASSERSTAND

Der Wasserstand muß mindestens etwas höher sein als die Panzerbreite der größten Schildkröte. Anderenfalls können sich auf den Rücken gefallene Tiere u.U. nicht mehr umdrehen und ertrinken dann. Da Schmuckschildkröten gute Schwimmer sind, soll der Wasserstand aber höher sein, um den Tieren möglichst viel Bewegungsraum zu bieten.
Zweckmäßig ist es, wenn in einem Teilbereich der Was-

Zum Ruhen im Wasser nutzen Schmuckschildkröten gerne Stellen, an denen sie mit den Füßen auf dem Boden bleiben und die Nase herausstrecken können.

ein paar Anregungen gegeben werden.
Wasserbecken und Landteil selbst kann man leider nicht bepflanzen wie ein Aquarium oder Terrarium. Die Schildkröten würden mit dieser Dekoration schnell fertig werden. Selbst Schildkrötenbabys leisten beim Vertilgen von Pflanzen schon Erstaunliches.

erheblich. Anspruchslose, rasch wachsende Pflanzen dafür gibt es in großer Auswahl, wie zum Beispiel Philodendron, Ficus, Graslilie, Scindapsus und Cyperngras.
Bei größeren Zimmeranlagen könnten auch die Ecken für eine Bepflanzung so abgeteilt werden, daß die Tiere nicht herankommen.

EIN TERRARIUM FÜR SCHMUCKSCHILDKRÖTEN

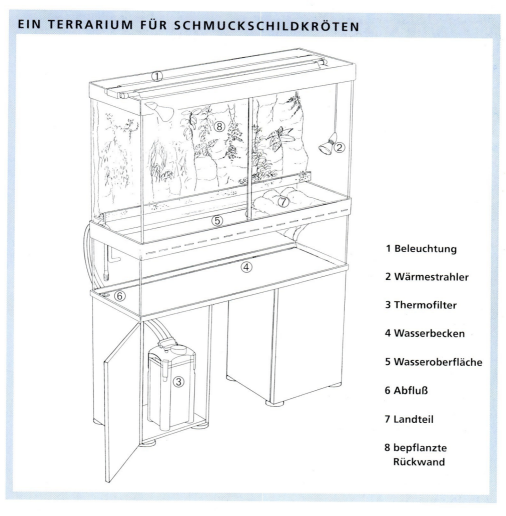

1 Beleuchtung

2 Wärmestrahler

3 Thermofilter

4 Wasserbecken

5 Wasseroberfläche

6 Abfluß

7 Landteil

8 bepflanzte Rückwand

serstand nur so hoch ist, daß die Tiere mit dem Kopf die Oberfläche erreichen und dabei mit den Hinterbeinen noch am Boden bleiben können. Solche Stellen werden gerne zum Ruhen im Wasser benutzt, da die Tiere dann zum Atmen nicht zur Oberfläche schwimmen müssen. Die Ideallösung für alle Wasserprobleme ist es, wenn man das Wasserbecken mit einem Abfluß versehen kann. Bei kleineren Becken genügt ein Abfluß in der Bodenplatte mit einem Ablaufhahn, durch den man das Wasser in einen Eimer laufen läßt. Bei großen Anlagen macht ein Ablauf nur dann Sinn, wenn ein Anschluß an die

Abwasserleitung oder dergleichen möglich ist.

DIE WASSERPFLEGE

Legt man einmal das Gewicht von zwei mittelgroßen Schildkröten zugrunde und rechnet dann aus, wieviel Aquarienfische (z.B. Guppys) man haben müßte, um die gleiche „Biomasse" zu erreichen, so wird schnell klar, daß ein Aquarium von 80 bis 100 Litern mit diesen weit über 1000 Fischen völlig überbesetzt wäre.
Entsprechend groß ist auch die Wasserverschmutzung durch die Schildkröten, und die Sauberhaltung des Wassers macht in der Schildkrötenhaltung die meiste Arbeit. Es gibt verschiedene Wege, um damit fertig zu werden.
Bei kleinen Behältern für Jungtiere kann man 1- bis 2mal pro Woche das gesamte Wasser mit einem Schlauch absaugen und mit der Gießkanne wieder temperiertes Wasser auffüllen.
Bei größeren Anlagen wird dieses Verfahren aber zu arbeitsaufwendig.
Für die Aquaristik werden im Handel sehr viele verschiedene Filtersysteme angeboten. Hier lasse man sich gründlich beraten, denn nicht alle sind für Schildkrötenbecken geeignet. Die für Aquarien häufig eingesetzten biologischen Langsamfilter sind nicht zu gebrauchen, weil der Schmutzanfall zu groß ist. In Frage kommen nur Schnellfiltersysteme, die leicht zu reinigen sind. Geschlossene Außenfilter mit geringem Querschnitt sind meistens zu schnell verstopft.
Bei größeren Anlagen kann

Wenn die Gartenteichufer nicht überall flach sind, müssen geeignete Ausstiege angebracht werden.

es angebracht sein, einen offenen Außenfilter zu verwenden, der aber viel Platz in Anspruch nimmt und mit dem zu filternden Becken auf gleicher Höhe stehen muß. Dabei braucht man dann nur noch die oberste Filterschicht (Schaumstoff) regelmäßig herauszunehmen und auszuspülen.

Auch wenn mit der Filterung das Wasser klar bleibt, sollte man regelmäßig einen Teil des Wassers durch Frischwasser ersetzen, weil sonst die Belastung durch gelöste Abfallstoffe zu hoch wird.

In Wasserbecken ohne Filterung ist es vorteilhaft, wenn man das Wasser mit einer Aquarienluftpumpe belüftet. Dadurch vermeidet man die Bildung einer Kahmhaut auf der Oberfläche, die bei den Schildkröten zu Augenentzündungen führen kann. Außerdem flocken die Abfallstoffe zum Teil aus und sammeln sich in den Ecken, wo sie leicht mit dem Absaugschlauch zu entfernen sind.

BEHEIZUNG

Auch wenn das Schildkrötenheim in ständig beheizten Räumen steht, wird die Wassertemperatur nicht ausreichen. Eine Dauerhaltung bei einer Wassertemperatur von 18 bis 20 °C ist den Tieren nicht zuträglich, auch wenn sie vorübergehend viel niedrigere Temperaturen aushalten.

Bei kleineren Behältern mit dünner Bodenplatte kann man gut die im Handel angebotenen Heizmatten verwenden. Bei größeren Wasserbecken muß man auf die für Aquarien angebotenen Heizer zurückgreifen. Die üblichen Regelheizer lassen sich bei einem Wasserstand von z.B. 20 cm oft schlecht unterbringen. Am günstigsten sind einfache Stabheizer, die ganz untergetaucht verwendet werden können. Bei größeren Schildkröten müssen diese Glasheizer aber gegen Zerstörung durch die Tiere gesichert werden. Dazu befestigt man den Heizer in einem Metall- oder PVC-Rohr, das einen weiteren Durchmesser hat als der Heizer. Das Rohr muß auf der ganzen Länge mit Löchern versehen sein. Die normale Haltungstemperatur für Schmuckschildkröten sollte etwa zwischen 24 und 28 °C liegen.

DER TIP: Die erforderliche Wattstärke des Heizers wird je nach Außentemperatur und Wassermenge bei 5 bis 10 Watt je 10 Liter liegen.

Vorderfuß mit langen, kräftigen Krallen

Hinterfuß mit ausgebreiteten Schwimmhäuten

BELEUCHTUNG

Licht ist das Lebenselixier der Schmuckschildkröten. Welche Wirkung hat es auf das Gedeihen der Tiere? Wir wissen, daß die Helligkeit des Lichtes und auch die tägliche Beleuchtungsdauer sich bei zahlreichen Tierarten auf die Aktivität, das Wachstum, die Futter-

aufnahme und die Fort-
pflanzung auswirken.
Warum sollte dies bei
Schildkröten anders sein?
Sie kommen aus sonnenrei-
chen Lebensräumen. Ein
heller Standort für das
Schildkrötenheim ist also
ein Vorteil. Ideal wäre z.B.
ein Wintergarten. In der
Wohnung müssen wir da-
her für gute künstliche Beleuchtung sorgen. Dazu
muß man in oder über dem
Schildkrötenheim je nach
Größe 1 bis 3 Leuchtstoffröhren montieren.

Wärmestrahler

Darüber hinaus ist Wärme-
strahlung über dem Land-
teil erforderlich, damit die
Tiere sich auf ihre Vorzugs-
temperatur aufheizen kön-

nen. Dafür kann man nor-
male Glühbirnen in einem
Reflektor oder ein soge-
nanntes Spotlight verwen-
den. Bei der Montage achte
man darauf, daß nur ein
Teil des Landteiles aufge-
heizt wird, damit die Tiere
sich den angenehmsten Be-
reich aussuchen können.
Die Temperatur an der
wärmsten Stelle sollte etwa
28 bis 33 °C betragen.
Der Einsatz spezieller Wärmestrahler (Rotlicht, Dun-
kelstrahler) ist nicht erforderlich, da die Tiere nicht
nur die Wärme, sondern
auch die Helligkeit suchen.

UV-Bestrahlung

Nun enthält die natürliche
Sonnenstrahlung aber
nicht nur Licht- und Wär-

mestrahlung, sondern auch
einen Anteil ultraviolettes
Licht. Gerade dieser Anteil
ist für unsere Pfleglinge au-
ßerordentlich wichtig.
Die UV-Strahlung ist unter
anderem notwendig, um
das mit der Nahrung aufge-
nommene Vitamin D zu ak-
tivieren, was wiederum un-
erläßlich für die Knochenbildung ist. Mangel an UV-
Strahlung führt besonders
bei noch stark wachsenden
Tieren zu Rachitis, die sich
bei Schildkröten als Erwei-
chung und Verformung des
Panzers zeigt.
Die Wirkung der UV-Strah-
lung beschränkt sich wohl
nicht nur auf die Vitamin-
D-Aktivierung, sondern hat
auch noch andere Wirkun-
gen. Tiere, die regelmäßig
ausreichende UV-Strahlung
bekommen, fressen besser,
sind aktiver und wider-
standsfähiger.
Da die Strahlung der nor-

Um näher an Licht und Wärme zu kommen, ist jeder Platz recht.

malen Glühlampen und Leuchtstoffröhren keinen nennenswerten Anteil an UV-Licht enthält, müssen wir bei Tieren, die ganz im Hause gehalten werden, diesen UV-Anteil ersetzen. Bei größeren, nur noch langsam wachsenden Tieren, die im Sommer draußen reichlich Sonne gehabt haben und im Winter in der Wohnung gehalten werden, kann auf eine besondere UV-Bestrahlung verzichtet werden, obwohl diese sicher für die Tiere von Vorteil wäre.

Unbedingt erforderlich ist eine regelmäßige zusätzliche UV-Bestrahlung für Tiere, die ständig drinnen gehalten werden. Das gilt vor allem für junge Tiere, die noch stark im Wachstum sind, d.h. in den ersten 3 bis 4 Lebensjahren.

Dies kann man auf zweierlei Weise machen. Einmal besteht die Möglichkeit einer Dauerbestrahlung durch fest installierte geeignete Lampen. Dafür gibt es z.B. spezielle Leuchtstoffröhren (True-Light u.a.). Als Strahler für den Landteil kann man schwache HQL-Lampen einsetzen (z.B. die HQL 50 DeLuxe von Osram), die auch einen Anteil UV-Strahlung abgeben. Der UV-Anteil ist bei diesen Lampen aber nicht sehr hoch und reicht an-

scheinend nicht immer aus. Die zweite Möglichkeit, den Tieren genug UV-Licht zukommen zu lassen, ist eine regelmäßige Kurzbestrahlung mit Spezialstrahlern. Viele gute Erfahrungen wurden gemacht mit der Osram Ultra Vitalux 300 W. 2- bis 3mal wöchentlich für 30 Minuten aus 1,5 m Entfernung reicht nach meiner Erfahrung aus.

Entscheidend für die Auswahl der Lampen ist der Anteil der „weicheren" UVA-Strahlung (315–380 μm) die die erwünschte Wirkung bringt, während ein hoher Anteil an „harter" UVC-Strahlung zu Schäden führen kann. Bevor man größere und teure Installationen macht, ist es zweckmäßig, sich vom Elektrofachhändler beraten zu lassen.

IM SOMMER IN DIE SONNE!

Wie wärs mit dem Balkon? Wer nicht über einen Garten verfügt, kann seinen Schildkröten eventuell dennoch eine Sommerfrische bieten. Mit recht einfachen Mitteln läßt sich auf Balkon, Terrasse oder Dachgarten ein Sommerquartier einrichten.

Der technische Aufwand für Beheizung und Beleuchtung entfällt. Als Behälter

verwendet man entweder sogenannte Fertigteiche aus Kunststoff, wie sie auch in passend kleinen Abmessungen im Gartenbedarfshandel angeboten werden, und die man am besten in eine Holzummantelung einbaut. Oder man baut aus Holz einen passenden Behälter, den man mit der handelsüblichen Teichfolie auskleidet. Andere Folien eignen sich nicht, weil sie leicht brüchig und undicht werden.

Den Landteil kann man entweder einhängen oder mit ausgewässerten Kalksandsteinen oder einem Blumenkasten so aufbauen, daß die Tiere gut hinaufklettern können. Umgeben von einigen Blumenkästen kann eine solche Anlage sogar sehr hübsch aussehen. Im Frühjahr sollte man die Tiere aber erst nach draußen bringen, wenn es schon recht warm ist.

Drei Dinge sollte man bei einer solchen Anlage auf jeden Fall beachten:

▶ Land- und Wasserteil müssen teilweise im Schatten liegen, sonst kann es an heißen Tagen zur Überhitzung kommen, weil die Tiere nicht ausweichen können.

▶ Schildkröten sind gute Kletterer. Mit ihren scharfen Krallen können sie sogar senkrechte Wände

Rotwangen-Schmuckschildkröten sonnen sich in Gesellschaft

und flacheren Teilen, mit teilweiser Bepflanzung am und im Wasser. Je größer der Teich ist, um so geringer sind auch die Temperaturschwankungen.

Eine solche Anlage hat allerdings auch den Nachteil, daß man wenig Kontrolle über die Tiere hat, da man nicht die ganze Anlage einschließlich Wasserteil übersehen kann und die Tiere in großen Anlagen auch recht scheu werden. Außer-

überwinden, wenn diese den Krallen irgendwie Halt bieten können. Unser Miniteich muß also gegen Herausklettern gut gesichert sein, am besten mit einem nach innen übergreifenden Rand.

▶ Es gibt auch noch ganz andere Schildkröten-„Liebhaber". Bei der Haltung von noch kleinen Schildkröten muß, am besten durch ein aufgesetztes Drahtgitter, verhindert werden, daß Katzen, Elstern oder ähnliche „Beutegreifer" hineinlangen können.

DIE FREILAND-ANLAGE

Die Schildkröten von Gartenbesitzern sind gut dran. Für sie kann dort eine Frei-

landanlage entstehen, in der sie Verhältnisse vorfinden, die denen in den Heimatbiotopen schon recht nahe kommen.

Für eine Freilandanlage muß man zunächst den geeigneten Platz aussuchen. Er sollte so liegen, daß er den ganzen Tag Sonne erhält. Etwas Windschutz auf der Wetterseite ist von Vorteil, und für ein paar schattige Plätze in der Freilandanlage muß auch gesorgt werden.

Der Teich

In den meisten Fällen wird man wohl einen Folienteich anlegen. Dieser hat den Vorteil, daß man mit verhältnismäßig geringem Aufwand einen großen Teich bauen kann, mit tieferen

DER TIP: Für große Anlagen sei auch auf die Möglichkeit hingewiesen, ein kleines Treibhaus aufzubauen, wie es als Bausatz in den Baumärkten angeboten wird. Ein solches Glashaus kann man innen mit einem kleineren Wasserbecken versehen und neben den Teich auf den Landteil stellen, so daß die Tiere es über eine Landbrücke erreichen können, oder man stellt es über einen flachen Seitenarm des Teiches, so daß die Tiere hineinschwimmen können. Wem dies zu aufwendig erscheint, der kann auch mit einigen Brettern und alten Fenstern eine Art Frühbeet aufbauen und damit den gleichen Effekt erzielen. Die Tiere werden bald herausfinden, wo es gerade am angenehmsten ist.

dem ist es schwierig, Tiere herauszufangen.

Wichtig ist, daß die Ufer rundherum so beschaffen sind, daß die Schildkröten überall an Land gehen können.

Sollen die Schildkröten im Freien überwintern, muß der Teich an einer Stelle wenigstens 100 bis 120 cm tief sein. Die ganze Anlage muß natürlich von einem Zaun umgeben sein, um die Tiere am Abwandern zu hindern. Dieser Zaun sollte etwa 40 bis 50 cm hoch sein und etwa 20 cm in den Boden hineinreichen. Die Oberkante muß einen nach innen überstehenden Rand haben, um ein Überklettern zu verhindern.

Bezüglich des zu verwendenden Materials bieten die Baumärkte vielerlei Möglichkeiten, zum Beispiel imprägniertes Holz, Platten aus Beton oder ähnliches Material.

Drahtgeflecht hat sich nicht so gut bewährt, weil es im Bodenbereich durchrostet und außerdem die Schildkröten daran hochklettern können.

Wenn zuchtreife Tiere gehalten werden, sollte auf dem Landteil ein Hügel vorhanden sein, der auf der Südseite auf sandigem, spärlich bewachsenem Bo-

den eine Eiablagestelle bietet.

Für kleinere Anlagen empfiehlt sich eine Ausführung in Beton oder Mauerwerk. Ideal hierfür wäre eine nach Süden geneigte Hanglage, da man dann in das Wasserbecken leicht einen Wasserabfluß einbauen kann.

Eine solche Anlage von z.B. 4 bis 6 qm kann man in der Übergangszeit, wenn es draußen noch recht kühl ist, teilweise mit Glasfenstern oder durchsichtiger Folie abdecken. Bei etwas Sonnenschein steigt die Temperatur drinnen schnell an.

Die richtige Ernährung

Vielseitige Verpflegung

Eine ausgewogene und gesunde Ernährung ist die beste Voraussetzung für Gesundheit, Vitalität und ein langes Leben der Schmuckschildkröten.

Im Kapitel über das Leben der Schildkröten in ihren Heimatgewässern wurde bereits gesagt, daß sie ein breites Spektrum an tierischer und pflanzlicher Kost annehmen. Das Angebot in der Natur dürfte je nach Gewässertyp und Jahreszeit wechseln. Vielseitigkeit und Abwechslung sind also bei der Verpflegung unserer Tiere angesagt.

FERTIGFUTTER

Der Zoofachhandel bietet Fertigfutter für Schildkröten in Form sogenannter Futtersticks oder Pellets an. Diese sind für schon etwas größere Schildkröten als Beifutter oder Zwischenmahlzeit gut zu verwenden, aber keinesfalls als Alleinfutter über längere Zeit. Solches Futter enthält meist viel zu wenig Ballaststoffe, und nach längerer Lage-

rung ist der Vitamingehalt nicht mehr ausreichend. Sehr wertvoll als Ergänzungsfutter vor allem für Jungtiere sind die ebenfalls im Handel angebotenen getrockneten Flohkrebse, die ja in lebendem Zustand ein wichtiger Nahrungsbestandteil der freilebenden Wasserschildkröten sind.

FROSTFUTTER

Der Zoofachhandel bietet auch ein umfangreiches Sortiment an Frostfutter, aus dem manches auch für Schildkröten gut geeignet ist. Gefrorene Wasserflöhe, verschiedene Garnelenar-

ten und Mückenlarven werden von kleinen Schildkröten gerne genommen. Für größere Tiere sind Fisch, Tintenfisch und Muschelfleisch geeignet. Vor dem Verfüttern auftauen und abspülen!

FUTTERFISCHE

Kleine Fische kann man größeren Schildkröten im Ganzen anbieten; größere werden besser in mundgerechten Stücken mit der Pinzette gereicht, da die Schildkröten größere Stücke mit den Krallen zerreißen, wobei das Wasser stark belastet wird.

Kleine Futterfische kann man manchmal von Teichwirten oder Anglern bekommen und auf Vorrat einfrieren. Besonders im norddeutschen Raum werden vor allem im Frühjahr in großen Mengen Stinte angeboten. Dies sind sehr geeignete Futterfische, weil sie weich sind und sich gut verarbeiten lassen.

LEBENDFUTTER

Auf jeden Fall sollte man versuchen, den Schildkröten möglichst oft Lebendfutter aus der Natur anzubieten. Wasserflöhe sind im Sommer und weit in den

Herbst hinein in vielen Teichen zu finden. Besonders ergiebig sind Dorfteiche und Feuerlöschteiche, auf denen Enten leben.

Um diese Futterquelle zu nutzen, sollte man immer einen geeigneten, feinmaschigen Kescher und einen Eimer mit Deckel im Kofferraum haben. Erfahrene Aquarienliebhaber wissen Bescheid und können Tips geben.

Vor allem im Frühjahr finden sich in vielen Tümpeln und Gräben schwarze Mückenlarven, das Idealfutter für Schildkrötenbabys. Aber auch große Schildkröten können sich stundenlang mit dem Einsammeln von Wasserflöhen und Mückenlarven beschäftigen.

Ein beliebtes und leicht zu beschaffendes Futter sind Regenwürmer, die man in passender Größe aussucht oder zerteilt von der Pinzette verfüttert.

DER TIP: Wenn sich in einem Wasserbottich etwas Gras langsam zersetzt, legen Mücken dort mit Vorliebe ihre Eier ab. Die bald schlüpfenden Larven kann man dann abfischen und verfüttern. Dies sollte man aber regelmäßig tun, damit die unerwünschten Stechmücken gar nicht erst schlüpfen.

FUTTERTIERE ZÜCHTEN

Gartenbesitzer haben nicht nur den Vorteil, ihren Schildkröten einen Sommeraufenthalt im Freien bieten zu können, sondern können auch gutes Futter selbst produzieren. Dazu stellt man an einem halbschattigen Platz mehrere wassergefüllte Bottiche auf, z.B. alte Badewannen, Maurerbottiche oder dergleichen. Zur Zucht von Wasserflöhen muß man die Wannen

DER TIP: Kleine bis mittelgroße Wasserschnecken werden sehr gerne gefressen. Die Schildkröten knacken die Gehäuse oder ziehen die Schnecken heraus. Wer auch ein Aquarium hat, hat meist reichlich Schnecken darin, die für die Schildkröten ein besonderer Leckerbissen sind.

einmal im Frühjahr mit einer kleinen Portion dieser Kleinkrebse beimpfen. Bei regelmäßiger Fütterung mit organischen Substanzen entwickeln sich Infusorien (einzellige Tierchen) und Algen, von denen die Wasserflöhe leben und sich reichlich vermehren.

Zur mäßigen aber regelmäßigen Fütterung bzw. Düngung eignet sich vielerlei, z.B. etwas Gras oder besser noch eine Hand voll Hühnermist oder Kompost; wöchentlich ein Schuß Dosenmilch bringt auch guten Erfolg.

FUTTER SELBST HERSTELLEN

Für Schildkrötenhalter mit größerem Futterbedarf lohnt es sich, selbst ein Fertigfutter herzustellen. Dieses sogenannte Gelatinefutter, auch „Schildkrötenpud-

GRUNDREZEPT

ein Drittel Fisch
ein Drittel Garnelen
ein Drittel pflanzliche
    Bestandteile

Für 2 Liter Futter:
100–120 g Gelatinepulver
2 gestrichene Eßlöffel
    Mineralstoff/Vitamin-
    mischung
15–20 Tropfen Vitamin-
    präparat

LEBENDFUTTER FÜR SCHMUCKSCHILDKRÖTEN

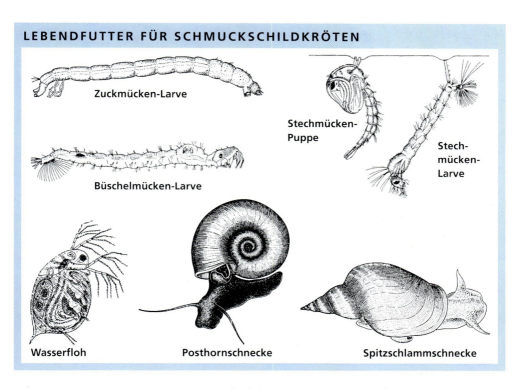

Zuckmücken-Larve

Stechmücken-Puppe

Stechmücken-Larve

Büschelmücken-Larve

Wasserfloh

Posthornschnecke

Spitzschlammschnecke

ding" genannt, wird seit Jahren von vielen erfahrenen Wasserschildkrötenhaltern verwendet. Wer zuerst auf diese gute Idee kam, läßt sich wohl nicht mehr klären, und inzwischen hat wohl jeder seine eigene Rezeptur entwickelt.

Die Herstellung macht zwar eine Stunde Arbeit in der Küche, lohnt sich aber, denn dieses Futter kann man ja auf Vorrat herstellen und portioniert einfrieren. Bei der Beschaffung der Zutaten muß man manchmal etwas findig sein. Kleine

Weißfische bekommt man manchmal von Teichwirten, Anglern oder auf dem Wochenmarkt. Besonders weich und daher gut zu verarbeiten sind Stinte. Ungeschälte Garnelen gibt es auch auf dem Markt oder im Fischgeschäft. Ersatzweise kann man auch Garnelenschrot verwenden. Mageres Seefischfilet ist auch brauchbar; dann sollte man eventuell den Fisch teilweise durch Fischmehl ersetzen, das ja aus ganzen Fischen und Fischabfällen hergestellt wird.

An pflanzlichen Bestandteilen kommen z.B. in Frage: Haferflocken, blanchierte Möhren, Luzernegrünmehl, überbrühter Salat, Spinat oder Brennesseln. Fischmehl, Garnelenschrot und Grünmehl gibt es im landwirtschaftlichen Futtermittelhandel. Gelatinepulver gibt es im Reformhaus oder beim Schlachtereibedarf.

Dem Ganzen kann man noch ein Ei und etwas Milch zugeben, dann läßt es sich noch besser verarbeiten.

Fisch, Garnelen und „Pflanzen" werden mit einer leistungsfähigen Küchenmaschine fein zerkleinert und gut zu einem steifen Brei vermischt. Das Gelatinepulver wird zunächst mit etwas Wasser verrührt, 1 bis 2 Stunden vorgequollen und dann mit wenig Wasser bei etwa 70 bis 80 °C aufgelöst (nicht zu heiß, sonst geliert es nicht mehr). Dann wird der Futterbrei nach und nach unter gründlichem Durchrühren in die Lösung eingearbeitet. Anschließend läßt man das Ganze soweit abkühlen, daß es nur noch lauwarm ist. Erst dann gibt man die Mineralstoff/Vitaminmischung (z.B. Vitakalk) dazu, außerdem 15 bis 20 Tropfen eines Vitaminpräparates aus der Apotheke (z.B. Multimulsin oder Multibionta) und rührt alles sehr gründlich durch.

Die dickflüssige Mischung wird dann 4 bis 5 cm hoch in flache Schalen abgefüllt, bleibt zunächst bei Zimmertemperatur stehen und kommt am nächsten Tag für ein paar Stunden in den Kühlschrank. Man hat dann eine schnittfeste Masse, die man in Wochenrationen einfrieren kann. Zum Verfüttern schneidet man diese Masse nach dem Auftauen in mundgerechte Stückchen und gibt davon soviel, wie in wenigen Minuten aufgefressen wird. Die Mengenverhältnisse sollte man erst einmal mit kleineren Mengen ausprobieren. Der recht hohe Gelatineanteil ist für die Tiere als Ballaststoff wichtig. Der Pudding soll gut zu schneiden sein und im Wasser nicht gleich zerfallen.

Die Rezeptur kann man natürlich abwandeln, z.B. für große Hieroglyphen- und Florida-Schmuckschildkröten den Anteil pflanzlicher Stoffe erhöhen.

FRISCHES GRÜN

Allen Schmuckschildkröten jeglichen Alters sollte immer wieder auch frisches Grünfutter angeboten werden. Zarte Blätter von Salat, Chicoree, Chinakohl, Lö-

wenzahn, Wegerich, frische grüne Erbsen und natürlich auch Wasserpflanzen werden angenommen. Ein ideales Grünfutter sind vor allem Wasserlinsen (Entenflott, Entengrütze). Diese kleinen Schwimmpflanzen findet man im Sommer auf manchen Teichen in riesigen Mengen. Auch da lohnt es sich, einen Vorrat für den Winter in der Tiefkühltruhe zu haben.

Und noch ein wichtiger Hinweis zum Schluß dieses Kapitels: Hackfleisch hat auf dem Speisezettel der Schildkröten nichts verloren! Es enthält Fett, das den Tieren nicht bekommt. Aber auch reines Muskelfleisch ist von der Eiweißzusammensetzung her nicht vollwertig und wird außerdem sehr schlecht verdaut. Der Organismus von Schmuckschildkröten ist auf die Verdauung von Säugetierfleisch nicht eingestellt. Allenfalls sind kleine Schabefleischbällchen geeignet, um den Tieren Medikamente oder Vitaminpräparate zu verabreichen.

WIE OFT UND WIEVIEL?

Schmuckschildkröten lernen sehr schnell, woher das Futter kommt – mit dem Ergebnis, daß sie bei jeder Annäherung eines Menschen heftig strampelnd fast senkrecht im Wasser stehen und die Hälse der vermeintlichen Futterquelle entgegenrecken. Wer dieser Bettelei ständig nachgibt, weil die Tiere doch anscheinend einen Riesenhunger haben, tut seinen Tieren keinen Gefallen. Häufig sieht man bei unerfahrenen Haltern Tiere, die völlig verfettet sind, weil sie jeden Tag sattgefüttert werden. Solche Tiere haben dann auch häufig einen Leberschaden und Vitamin- und Mineralstoffmangelerscheinungen.

Die richtige Dosierung muß man selbst herausfinden. Eine regelmäßige Gewichtskontrolle hilft dabei.

DER TIP: Es soll jeweils nur soviel gegeben werden, wie in 5 Minuten aufgefressen wird. Besonderes Beifutter wie Wasserflöhe, Mückenlarven oder Grünfutter kann man aber zusätzlich zwischendurch anbieten.

Regenwürmer sind ein beliebtes Futter.

Die Wasseroberfläche muß immer sauber sein, weil sich sonst die Augen entzünden können.

Pflege und Krankheitsvorsorge

Damit sie gesund und munter bleiben

Richtige Pflege und artgerechte Überwinterung sind für das Wohlergehen unserer Schmuckschildkröten wichtig. Zusätzlich achten wir regelmäßig auf Anzeichen einer möglichen Erkrankung, um schnell helfen zu können.

ÜBERWINTERUNG

Aus dem Kapitel über die Lebensweise in den nordamerikanischen Heimatgebieten wissen wir, daß die Schmuckschildkröten dort eine mehr oder weniger lange Winterruhe am Boden der Gewässer halten. Darauf ist der Organismus der Tiere eingestellt. Deswegen ist es besser für die Entwicklung der Tiere, wenn man ihnen diese Möglichkeit in Menschenobhut auch bietet. Dabei muß man aber doch differenzieren. Die Klimaverhältnisse in den Heimatge-

Das Wasser ist vorbildlich sauber.

kröten an der Ostsee oder am Oberrhein hält.

Die verschiedenen Möglichkeiten der Überwinterung sollen hier kurz dargestellt werden.

1. IM FREILAND: Nur in größeren Freianlagen mit wenigstens 1 m Tiefe und nur mit erwachsenen oder fast erwachsenen Tieren der nördlicheren Arten, wie der Zierschildkröte *Chrysemys picta* (mit Ausnahme der südlicher lebenden *Chr. p. dorsalis*) und der Rotwange *Chr. scripta elegans* möglich. In klimatisch milderen Gegenden auch Hieroglyphen-Schmuckschildkröte und die beiden hier behandelten

bieten verschiedener Arten weisen große Unterschiede auf, was die Länge der sommerlichen Aktivitätsperiode, die Dauer der Winterruhe und die Temperaturen an Land und im Wasser betrifft.

Wenn die in Florida lebenden Arten schon längst in der Paarungszeit sind, sind die Gewässer im nördlichen Verbreitungsgebiet der Zierschildkröte *(Chrysemys picta)* oft noch von einer dicken Eisschicht bedeckt.

Bei der Entscheidung, wo und wie man seine Tiere überwintert, kommt es also auch auf die jeweilige Art

oder Unterart an; darüber hinaus auch auf das Alter und natürlich auf die zur Verfügung stehenden räumlichen Möglichkeiten. Außerdem sind auch hiesige Klimaverhältnisse zu berücksichtigen. Es ist schon ein Unterschied, ob man Schmuckschild-

Das Gewicht sollte regelmäßig kontrolliert werden.

Höckerschildkröten. Eine kritische Zeit für die im Freien überwinternden Tiere ist die Übergangszeit im Frühjahr, wenn sie schon wieder aktiv geworden sind, das warme Wetter aber noch auf sich warten läßt oder es sehr wechselhaft ist. Dann ist es u.U. besser, die Tiere hereinzuholen.

2. KALTE ÜBERWINTERUNG IN INNENRÄUMEN: Ein Überwinterungsbecken kann in Räumen aufgestellt werden, in denen die Temperatur unter 10 °C fällt, aber kein starker Frost auftreten kann. Der Wasserstand soll etwa der Panzerlänge des größten Tieres entsprechen. Ein leicht zu erkletternder Landteil soll eingebaut werden. Beleuchtung ist nicht erforderlich. Regelmäßige Kontrolle ist wichtig!

3. BELASSEN DER TIERE IM NORMALEN ZIMMERQUARTIER, aber unter Einschieben einer Ruheperiode von 4 bis 8 Wochen ohne Fütterung bei abgeschalteter Heizung und reduzierter Beleuchtung. Für die nur im warmen Südosten der USA lebenden Arten wie Rotbauch- und Floridaschmuckschildkröte und alle Jungtiere in den ersten beiden Wintern.

Sind die Möglichkeiten, nach Nr. 1 und 2 zu überwintern, nicht gegeben, sollte man bei allen Tieren nach Nr. 3 verfahren. Eine Überwinterung nach Nr. 1 und 2 soll man auch nur mit Tieren durchführen, die einwandfrei gesund und gut genährt sind.
Der Übergang vor und nach der Winterruhe darf nicht zu plötzlich erfolgen. Ein schrittweiser Übergang, der sich über 1 bis 2 Wochen hinzieht ist besser.

UND WAS PASSIERT IM URLAUB?

Auch der Schildkrötenhalter muß sich beizeiten überlegen, was mit seinen Tieren passiert, wenn die Familie auf Reisen ist. Mit den Schildkröten ist das aber gar nicht so schwierig. In einer geräumigen Freilandanlage ist es im Sommer sowieso kein Problem. Vor der Abreise wird noch einmal normal gefüttert. Für kleine Tiere könnte man nochmal eine Extraportion Wasserflöhe in den Teich geben, und dann kommen die Tiere für zwei Wochen gut zurecht.
Im Schildkrötenheim in der Wohnung geht es auch einmal 8 bis 10 Tage ohne Versorgung. Dabei sollte man 3 Tage vor Abreise zum letztenmal füttern und dafür sorgen, daß am Abreisetag das Wasser sauber ist. Wenn es – je nach Jahreszeit – möglich ist, sollte man durch Abschalten der Heizung die Temperatur herabsetzen und auch über die Schaltuhr die Beleuchtungsdauer auf 4 bis 5 Stunden verkürzen. Auch in Freiheit überstehen die Tiere eine kühle Schlechtwetterperiode problemlos. Vorteilhaft ist es, wenn man jemanden hat, der nicht nur die Blumen gießt, sondern auch zwischendurch mal die Technik am Schildkrötenbecken überprüft. Soll bei längerer Abwesenheit oder bei sehr jungen Tieren doch zwischendurch gefüttert werden, gibt es zwei Möglichkeiten. Der Handel bietet Futterautomaten an, die die ver-

gegebene Futtermenge pünktlich abgeben. Die Eignung für Schildkrötenfertigfutter und die Funktionsfähigkeit prüft man beizeiten vor der Abreise.

DER TIP: Kommt eine Urlaubsvertretung regelmäßig in die Wohnung, sollte man die zu verabreichenden Portionen einzeln abfüllen und mit dem Fütterungsdatum versehen, sonst wird die darin unerfahrene Vertretung sicher zuviel füttern, und man findet seine Tiere bei der Rückkehr in einer stinkenden Dreckbrühe vor. Die Futterration soll während dieser Zeit stark vermindert werden. 1- bis 2mal pro Woche die halbe Ration reicht vollkommen. Gesunde, richtig ernährte Schildkröten in einem nicht überbesetzten Behälter überstehen so die Urlaubszeit ohne Probleme.

GESUND ODER KRANK?

Die beste Maßnahme gegen Krankheiten ist ihre Vermeidung. Ist doch einmal ein Tier erkrankt, kommt es darauf an, dies möglichst frühzeitig zu bemerken. Deswegen ist es wichtig, die Tiere genau zu beobachten, ob sie sich normal verhalten. Wenn nicht, muß man das betreffende Tier am besten herausnehmen, es genau betrachten und eventuell von den anderen getrennt unterbringen.
Auf bestimmte Anzeichen muß man besonders achten – und das ist schon beim Erwerb der Tiere wichtig.
Schildkröten, die im Handel angeboten werden, haben oft längere Transporte mit Temperaturschwankungen und unregelmäßiger oder unzureichender Fütterung hinter sich. Dies bedeutet Streß für die Tiere, und der trifft die kleinsten am härtesten. Deshalb ist es besser, etwas größere Tiere zu kaufen, wenn man die Wahl hat. Die Halbwüchsigen werden erfahrungsgemäß mit Belastungen am besten fertig.

GESUNDHEITS-CHECK

► Zunächst beobachtet man die Tiere in ihrem Be-

Solche kleinen Babys brauchen besonders sorgfältige Pflege.

Gesunde Schmuckschildkröten sind muntere Schwimmer.

hälter, ob sie lebhaft sind und sich im Wasser und an Land normal bewegen. In Schieflage schwimmende und solche mit Schwierigkeiten beim Tauchen nimmt man besser nicht; sie könnten eine Lungenentzündung haben.

▶ Bei der Betrachtung in der Hand achtet man auf die Beschaffenheit des Panzers. Er soll fest sein; allerdings ist bei Jungtieren der hintere Bereich elastisch.

▶ Oberflächliche abgeheilte Defekte, die bei größeren Tieren schon mal vorkommen, sind belanglos. Bei Defekten, denen man nicht

ansieht, wie tief sie gehen, und bei losen oder weichen Hornplatten ist Vorsicht geboten. Dies ist nicht zu verwechseln mit normalen Häutungsvorgängen, bei denen nur die oberste, dünne Hornschicht einzelner Schilder abgestoßen wird.

▶ Die Augen müssen klar und glänzend sein. Verklebte oder geschwollene Augenlider deuten auf eine ernste Erkrankung hin.

▶ Bilden sich beim Ausatmen Blasen an den Nasenlöchern, ist das Tier erkältet. In schweren Fällen hört man evtl. auch Atemgeräusche.

▶ Genaue Gewichtsangaben, bezogen auf Größe und Art der Tiere, lassen sich kaum machen. Tiere, die einem in der Hand auffallend leicht vorkommen, kauft man besser nicht. Man soll auch darauf achten, ob die Tiere Kraft in den Beinen haben, wenn sie versuchen, sich aus der Hand zu befreien.

Hat man ein Tier erworben, transportiert man es in einem Behälter ohne Wasser nach Hause. Am besten setzt man es nicht gleich zu evtl. bereits vorhandenen Tieren, sondern bringt es zur Beobachtung ein paar

Tage separat unter. Bei schon länger in Obhut des Menschen gehaltenen Schildkröten treten natürlich auch gelegentlich Krankheiten auf. In den meisten Fällen dürften Haltungsfehler die Ursache sein. Man treibe also zunächst einmal Ursachenforschung. Stimmen Temperatur, Licht, Ernährung etc.?

Atemwegserkrankungen

Recht häufig sind Erkrankungen der Atmungsorgane. Sie machen etwa 30% der Todesursachen bei Schildkröten aus. Solche Erkrankungen muß man also immer ernst nehmen. Wenn z.B. durch eine Erkältung die Schleimhäute gereizt sind, können sich dadurch Bakterien ausbreiten und dann zu einer Lungenentzündung führen. Erkältungen treten dann auf, wenn der Körper auf Wärme eingestellt ist und dann plötzlich von Kälte getroffen wird, z.B. bei Durchzug. Schildkröten erkälten sich leicht, wenn das Wasser wesentlich wärmer ist als die Luft darüber. Sie sind dann im warmen Wasser und atmen kalte Luft. Bei Freilandhaltung kann auch sehr wechselhaftes Wetter im Frühjahr Erkältungen verursachen. Man soll deshalb im Hause überwinterte Tiere nicht zu zeitig ins Freie bringen. Bei leichten Erkältungen reicht oft schon eine Temperaturerhöhung auf 28 bis 30 °C, um die Erscheinungen abklingen zu lassen. Dabei muß unbedingt auch die Luft über dem Wasser recht warm sein.

Ist eine Erkältung nach 4 bis 5 Tagen nicht entscheidend gebessert, muß das Tier zum Tierarzt. Nur er hat – z.B. mit Antibiotica – die Möglichkeit, die Entwicklung einer Lungenentzündung zu stoppen. Sehr gut bewährt hat sich in solchen Fällen das Präparat Baytril, über das auch nur der Tierarzt verfügt.

DER TIP: Hilfreich kann auch ein Kamillendampfbad sein. Dazu kommt ein heißer Aufguß von Kamillentee oder Kamillosan in einen Eimer, die Schildkröte in einem passenden Küchensieb obendrauf. Abgedeckt wird mit einem Handtuch. Mit der Hand oder einem Thermometer prüft man, ob es nicht zu heiß wird (nicht über 35 °C).

Verdauungsstörungen

Erkrankungen der Verdauungsorgane sind bei Schildkröten seltener. Zu Verdauungsstörungen kann es kommen, wenn die Tiere gefressen haben und anschließend die Temperatur nicht hoch genug ist, um die Verdauung zu gewährleisten.

Wurmbefall

Wurmbefall kommt bei Schildkröten vor, ist aber von geringer Bedeutung. Tiere aus der freien Wildbahn haben fast immer einige Parasiten, werden davon aber nicht krank; allerdings vermindert Parasitenbefall die Widerstandsfähigkeit gegen andere schädliche Einflüsse.

Bemerkt man Wurmbefall anhand abgegangener Würmer (Rundwürmer) oder Wurmteile (Bandwurm), hat der Tierarzt wirksame Gegenmittel. Bei gut fressenden, aber im Gewicht abnehmenden Tieren kann es angebracht sein, eine Kotprobe auf Wurmeier untersuchen zu lassen.

Salmonelleninfektionen

Bakterien der Gattung *Salmonella* wurden bei Schildkröten schon oft nachgewiesen. Zu Erkrankungen führen solche Infektionen durchweg nicht bzw. nur dann, wenn ein Tier durch andere Krankheiten schon erheblich geschwächt ist. Die Tiere können aber über lange Zeit Salmonellen ausscheiden.

Da Salmonellen aber auch auf den Menschen übertragbar sind und, insbesondere wenn sie durch Unsauberkeit in Nahrungsmittel gelangen, zu Lebensmittelvergiftungen führen können, ist Hygiene im Umgang mit Schildkröten wichtig.

DER TIP: Nach dem Umgang mit den Tieren sollte man nicht vergessen, sich die Hände zu waschen. Im Schildkrötenheim verwendete Geräte und Abwasser aus dem Schildkrötenbecken gehören nicht in die Küche, sondern ins Bad bzw. in die Toilette.

Die Augen müssen klar und sauber sein.

Erkrankungen der Haut und des Panzers

Nicht zu tief gehende Wunden heilen meist gut, wenn das Wasser sauber ist. Zur Unterstützung des Heilungsprozesses kann man die Tiere herausnehmen, trocknen lassen und dann die Wunde mit einer Heilsalbe oder dergleichen behandeln. Bevor das Tier ins Wasser zurückgesetzt wird, deckt man die Wunde mit Lebertransalbe ab.

Bei tiefergehenden Wunden sollte der Tierarzt behandeln, um die Ausbreitung von Wundinfektionen in tiefere Gewebsschichten zu verhindern.

Bei jungen Tieren treten manchmal weißliche Beläge, insbesondere auf den Beinen und am Nagelbett auf. Derartige Erscheinungen müssen unbedingt behandelt werden. Die Ursache ist unklar. Wahrscheinlich spielen Mangelerscheinungen eine Rolle, aber auch hohe Keimbelastungen des Wassers.

Zur Behandlung gibt man dem Wasser ein mildes keimhemmendes Mittel zu. Geeignet sind Mittel, die im Zoofachhandel gegen Hautpilz bei Fischen und Laichverpilzung in der Zierfischzucht angeboten werden, besonders die Mittel, die auch Acridinfarbstoffe enthalten. Davon gibt man so-

viel zu, daß das Wasser leicht gelblich aussieht. Eine zusätzliche Bestrahlung mit einer UV-Lampe oder im Sommer Sonnenlicht fördert die Abheilung sehr. Außerdem sollte die Ernährung, insbesondere hinsichtlich der Mineral- und Vitaminversorgung, geprüft und, wenn nötig, verbessert werden.

Panzererweichung ist eine Folge falscher Ernährung und fehlender ultravioletter Strahlung. Bei Jungtieren bis zu etwa einem Jahr ist der Panzer im hinteren Teil zwar elastisch, bei vorsichtigem Druck von der Seite oder von oben nach unten sollte er aber nicht nachgeben. Bei großen Tieren muß der Panzer überall fest sein.

Die Behandlung kann nur in Verbesserung der Vitamin- und Mineralstoffversorgung und UV-Bestrahlung bestehen.

Bei zwar ausreichender Vitamin-D-Versorgung, aber Mangel an Kalzium und Phosphor kommt es zur Osteodystrophie (Knochenfehlernährung). Die Tiere entwickeln dabei anstatt ebener Panzerschilder ausgeprägte Höcker. Besonders häufig passiert dies, wenn Schildkröten sehr reichlich Futter bekommen, das viel Eiweiß und wenig Ballaststoffe enthält. Die Tiere wachsen dann sehr schnell, aber dabei kommt die Knochenbildung des Panzers nicht mehr mit.

Die Behandlung ist die gleiche wie bei der Panzererweichung. Einmal erfolgte Panzerverformungen sind zwar nicht mehr zu beseitigen, aber nach richtiger Behandlung wird der Panzer wieder fest, und es bleibt nur ein Schönheitsfehler zurück.

Durch Infektionen, die durch kleinere Verletzungen eindringen, kann es zu Entzündungen unter den Hornschildern kommen, die sich bis ins Knochengewebe fortsetzen können. Hier müssen – in der Regel durch den Tierarzt – die unterminierten Hornschilder und das darunterliegende abgestorbene Gewebe entfernt und der Defekt unter Anwendung von Antibiotica zur Abheilung gebracht werden. Dabei werden die Tiere für einige Zeit trocken gehalten und nur zur Fütterung in sauberes Wasser gesetzt.

Augenentzündung

Nicht selten kommt es bei Schildkröten zu Entzündungen der Augen. Die Ursachen können verschieden sein. Schmutziges Wasser und Vitamin-A-Mangel spielen eine Rolle. Entsprechend wird mit einem Vitamin-A-Präparat und einer antibiotischen Augensalbe behandelt.

Manchmal sind die Erscheinungen am Auge aber auch Ausdruck einer inneren Allgemeinerkrankung, die dann durch den Tierarzt festgestellt und behandelt werden muß.

Der Bauchpanzer und auch der Rückenpanzer dürfen nicht verletzt sein.

Junge Rotwangen-Schmuckschildkröte

Die Zucht

Nachwuchs bei unseren Schmuckschildkröten

In unserem Klima können sich die Schmuckschildkröten normalerweise nicht fortpflanzen, weil es nicht warm genug ist. Wer trotzdem Schildkröten-Nachwuchs haben möchte, muß für die Gelege die richtigen Bedingungen schaffen.

Über Paarungsverhalten und Eiablage in der Natur wurde bereits berichtet (s. S. 17). Hält man eine Gruppe größerer Schmuckschildkröten, wird es gelegentlich auch zur Eiablage kommen. Sind beide Geschlechter vorhanden, kann man natürlich versuchen, etwas „herauszubekommen".

Dies hat allerdings nur Sinn, wenn das Weibchen seine Eier „ordnungsgemäß" vergraben hat, wozu eben auch eine geeignete Stelle vorhanden sein muß. Eier, die ins Wasser abgestoßen werden oder verstreut auf dem Landteil liegen, sind meist abgestorben oder unbefruchtet.

VORAUSSETZUNGEN

Will man gezielt züchten, sollte man nur wenige zuchtreife Tiere einer Art für sich halten. In einem überbesetzten Behälter mit verschiedenen Arten gibt es Schwierigkeiten mit der Paarung. Denn die Männchen erkennen die Weibchen am Geruch, und wenn der ganze Wasserteil eine „gemischte Duftwolke" ist, können sie sich nicht gut orientieren. Außerdem

Ein zuchtreifes Rotwangen-Weibchen ...

stören sich die Tiere gegenseitig beim Ablauf der Balz. Günstig wäre z.B., in einer Zimmeranlage nur ein Paar zu halten oder in einer geräumigen Freilandanlage eine Gruppe von 2 Männchen und 3 Weibchen.

Eine weitere Voraussetzung ist natürlich eine geeignete Eiablagestelle. Im Freiland ist das kein Problem; eine etwas höher als das Ufer gelegene, sonnige Stelle mit sandigem Boden wird meist angenommen.

Für eine erfolgreiche Zucht ist es auch erforderlich, daß die Tiere kalt überwintert haben. Dies ist wichtig, damit die Samen und Eizellen heranreifen und damit die Tiere durch den jahreszeitlichen Rhythmus von Licht und Wärme gleichzeitig den Höhepunkt ihrer geschlechtlichen Aktivität erreichen.

DER TIP: In der Zimmeranlage muß für die Eiablage eine nicht zu kleine Wanne mit entsprechender Bodenfüllung eingebaut werden, in die die Tiere leicht hineinklettern können. Die Tiefe soll der Panzerlänge des Weibchens entsprechen.

BEBRÜTEN DER EIER

Häufig ist es gar nicht so leicht, überhaupt zu merken, daß ein Weibchen gelegt hat, wenn man es nicht zufällig beim Graben der Nestgrube beobachtet hat. Oft kann man aber feststellen, daß die Weibchen 1 bis 2 Tage vor der Eiablage sehr unruhig umherwandern und nach einer geeigneten Stelle suchen. Die Grube wird von den Tieren sehr sorgfältig verschlossen und an der Oberfläche mit dem Bauchpanzer geglättet. An „verdächti-

gen" Stellen grabe man vorsichtig mit einem Löffel nach.

Die Temperaturen, die selbst bei sonnigem Wetter in 10 bis 15 cm Tiefe im Boden erreicht werden, reichen im mitteleuropäischen Klima durchweg nicht aus, um eine Entwicklung der Eier sicherzustellen. Deswegen ist es immer erforderlich, die Eier der Nistgrube zu entnehmen und sie künstlich zu erbrüten.

Zur Bebrütung der Eier gibt es verschiedene Methoden. Die Temperatur soll etwa zwischen 25 und 30 °C, im

DER TIP: Bei der Entnahme muß man auf den Eiern die Oberseite kennzeichnen, z.B. mit einem Fettstift, denn Reptilieneier dürfen, wenn die Entwicklung des Keimes bereits eingesetzt hat, nicht mehr gedreht werden; sonst stirbt der Keim ab.

Bei allen Schildkröten (hier Chinesische Dreikielschildkröten) kann man die Geschlechter am Schwanz erkennen: Männchen (oben) haben einen dickeren und Weibchen (unten) einen dünneren Schwanz.

Mittel bei ca. 28 °C liegen. Kurzfristige Schwankungen um 2 bis 3 °C schaden dabei nicht.

Die Eier werden getrennt voneinander in ein mäßig feuchtes Substrat gelegt, am besten in einen Plastikbehälter mit Deckel, der auch Lüftungslöcher aufweist. Als Substrat eignet sich z.B. Schaumstoff, Vermiculit, Sand-Torfgemisch oder überbrühter, ausgewässerter Torf. Das Substrat darf nicht zu naß sein, sondern sich nur etwas feucht anfühlen, bei Torf z.B. wie ein frischer Pfeifentabak.

Als Bruteinrichtung wäre ein Brutschrank gut, aber es geht auch einfacher. Im Zubehörhandel für Geflügelzüchter gibt es sogenannte Kunstglucken, d.h. Kunststoffboxen mit Heizschlange und Thermostat,

die hervorragend für unsere Zwecke geeignet sind. Man kann auch in ein kleines Aquarium bei niedrigem Wasserstand einen schwachen Heizstab einbringen und die Schale mit den Eiern auf einem Ziegelstein hineinstellen. Die Abdeckung muß dann so beschaffen sein, daß kein Tropfwasser auf die Eier kommt.

DER TIP: Es geht auch noch einfacher: Ich habe bisher meist die Schale mit den in Torf gebetteten Eiern unter die Abdeckung meines Aquariums gestellt. Die Temperatur beträgt dabei 28 bis 30 °C am Tage und 23 bis 25 °C in der Nacht. Die Schlupfergebnisse waren dabei immer hervorragend.

... und das passende Männchen dazu, kenntlich an den langen Vorderfußkrallen.

Zur Eiablage gräbt das Weibchen eine Grube.

SCHLÜPFEN

Bei den angegebenen Temperaturen werden die Jungtiere nach etwa 60 bis 70 Tagen schlüpfen. Interessant ist dabei, daß man über die Bruttemperatur das Geschlecht der Jungtiere beeinflussen kann. Bei Temperaturen im unteren Bereich von etwa 25 °C schlüpfen mehr Männchen, bei ca. 30 °C mehr Weibchen.

Der Schlupf zieht sich meist über 1 bis 2 Tage hin. Um ihn zu erleichtern, kann man die Feuchtigkeit etwas erhöhen. Keinesfalls soll man versuchen zu helfen; dabei richtet man nur Schaden an. Ein gesundes, voll entwickeltes Schildkrötenbaby schafft das allein. Die frischgeschlüpften Babys haben meist in der Mitte des Bauchpanzers noch einen gelblichen, erbsengroßen Knopf. Dies ist der Rest des Dottersackes, d.h. sie haben noch etwas Nahrungsvorrat. Gefüttert wird erst, wenn dieser Vorrat aufgebraucht ist. Bis dahin kann man sie im Brutbehälter lassen oder in einen kleinen Behälter mit niedrigem Wasserstand setzen.

DIE AUFZUCHT

Babyschildkröten – ob selbst gezüchtet oder erworben – sind recht empfindliche Pfleglinge, deren Aufzucht große Sorgfalt erfordert. Am besten bringt man sie zunächst in einem nicht zu großen Heim unter. Ein 60 cm langes Aquarium mit ca. 5 cm Wasserstand ist für 4 bis 6 Jungtiere ausreichend.

Eine Insel aus flachen Steinen, auf die die Schildkröten leicht hinaufklettern können, und eine wärmende Lampe darüber vervoll-

DER TIP: Wichtig ist bei diesem ersten Aufzuchtbecken, daß es ohne großen Arbeitsaufwand zu reinigen ist, denn auf Wassertrübungen mit starker Vermehrung von Mikroorganismen reagieren die Jungtiere empfindlich.

ständigen die Einrichtung. Ein paar Wasserpflanzenranken werden gern als Deckung angenommen. Als erstes Futter eignen sich lebende Wasserflöhe, Flohkrebse und Mückenlarven, weil deren Bewegung zum Zuschnappen reizt. Totes Futter anzunehmen, lernen die Tiere aber schnell.

Da junge Schildkröten in den ersten Lebensjahren schnell wachsen und nicht nur, wie alle anderen Wirbeltiere, ihr Skelett, sondern auch noch den Panzer ausbilden, müssen sie sehr viel Knochenmasse entwickeln.

Eine optimale Mineralstoff-Versorgung im richtigen Mischungsverhältnis, genügend Vitamine und UV-Licht sind dazu unbedingt erforderlich.

Wärme und Luftfeuchtigkeit sind für die Entwicklung der Eier wichtig.

Im Gegensatz zu vielen Haustieren können für Schildkröten keine exakten Bedarfsmengen für alle Nährstoffe und Zusatzstoffe angegeben werden. Dem Optimum wird man am nächsten kommen, wenn man nach dem Grundsatz verfährt, so abwechslungsreich wie irgend möglich zu füttern.

Da Geleefutter und Mineralstoffmischung alle Vitamine enthalten, sollte die Versorgung damit gesichert sein. Konzentrierte Vitaminpräparate sollte man nur einsetzen, wenn Mangelerscheinungen feststellbar sind, da man mit der Überdosierung von Vitaminen auch Schaden anrichten kann. Insbesondere zuviel Vitamin D führt zu schweren Schäden. Es kommt nicht auf große Mengen an, sondern auf die Regelmäßigkeit der Versorgung.

Dies gilt auch für die Ernährung insgesamt. Tiere, die ständig mit gehaltvollem Futter satt gefüttert werden, wachsen schneller als unter natürlichen Verhältnissen, und das führt zu Fehlentwicklungen bei der Bildung von Knochengerüst und Panzer.

Deshalb gilt auch hier der Grundsatz: die Schildkröten mäßig aber regelmäßig füttern.

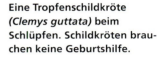

Eine Tropfenschildkröte (Clemys guttata) beim Schlüpfen. Schildkröten brauchen keine Geburtshilfe.

Bei den frisch geschlüpften Babys ist der Rest des Dottersacks noch am Nabel erkennbar. Er liefert Nahrung für einige Tage.

Unmittelbar nach dem Schlupf (links) hat der Rückenpanzer noch die Form der Eischale. Innerhalb von 48 Stunden flacht er ab (rechts).

Eineiige Zwillinge können vorkommen. Sie hängen stets am Nabel zusammen, weil sie an der gleichen Dotterkugel herangewachsen sind.

Die Verwandten

Andere Wasser-
schildkröten

Dieses Buch befaßt sich zwar mit den nordamerikanischen Schmuckschild-kröten. Im Handel gibt es aber auch andere Arten.

Die Familie der Sumpf-schildkröten (Emydidae) ist nicht nur in Nordameri-ka mit zahlreichen Arten vertreten; ihr zweites Ver-breitungszentrum ist Süd- und Ostasien. Die für die Schmuckschildkröten dar-gelegten Kriterien einer art-gerechten Haltung gelten weitgehend auch für die asiatischen Sumpfschild-kröten – mit klimabeding-ten Unterschieden hinsicht-lich Temperaturen und Überwinterung.

CHINESISCHE DREI-KIELSCHILDKRÖTE

Die am häufigsten angebo-tene Art ist sicher die Chi-nesische Dreikielschildkrö-te *(Chinemys reveesii)*. Die-se Art ist zwar nicht so far-big und kontrastreich ge-zeichnet wie die Schmuck-schildkröten, hat dafür aber andere Vorzüge. Sie bleibt klein und läßt sich gut pfle-gen.

Amboina-Dosenschildkröte

Chinesische Dreikielschildkröte

Das Hauptverbreitungsgebiet ist das mittlere und südliche China. Dort ist sie in manchen Gegenden so häufig, daß sie in großen Mengen mit Fischernetzen gefangen und als Lebensmittel vermarktet wird. Die Weibchen der Dreikielschildkröte werden etwa 12 bis 15 cm groß, die Männchen nur 10 bis 12 cm. Die Grundfarbe ist grau, wobei die einzelnen Rückenschilder einen hellen Rand haben. Der Kopf weist eine Zeichnung von gelblichen Streifen und Bogen auf. Gelegentlich treten auch fast schwarze Exemplare auf. Der Panzer ist mäßig gewölbt und weist drei Längskiele auf, von denen der mittlere am deutlichsten hervortritt. Die Schwimmhäute sind nur schwach entwickelt, weshalb diese Schildkröten auch keine so eleganten Schwimmer sind; sie paddeln eilig durchs Wasser und laufen auch viel auf dem Grund herum.

Der Wasserstand sollte daher nicht zu hoch sein; am besten nur wenig mehr als die Panzerlänge.

Die Fütterung entspricht der der Schmuckschildkröten, allerdings wird rein pflanzliche Nahrung kaum angenommen. Die Temperaturen sollen zwischen 22 und 26 °C liegen. Eine Ruheperiode von 4 bis 6 Wochen im Winter bei niedrigen Temperaturen und reduzierter Beleuchtung und Fütterung erleichtert die Zucht, ist aber nicht unbedingt erforderlich. Ein Aufenthalt im Freien in den warmen Monaten Juni bis August bekommt den Tieren sehr gut.

Die Chinesische Dreikielschildkröte ist wohl die am leichtesten zu züchtende Art. Die Gelege umfassen meist 2 bis 6 Eier.

PFAUENAUGEN-SCHILDKRÖTE

Eine weitere empfehlenswerte asiatische Sumpfschildkröte ist die Pfauenaugenschildkröte *(Sacalia bealei)* aus dem südlichen China und nördlichen Indochina. Sie ist gekennzeichnet durch 2 oder 4 auffällige Augenflecke auf dem Hinterkopf und wird etwa 15 cm lang.
Als Bewohnerin der Tropen und südlichen Subtropen

Pfauenaugen-Schildkröte

sollte sie ganzjährig bei 24 bis 28 °C gehalten werden.

SCHARNIERSCHILD-KRÖTEN

Sehr interessante Sumpf-schildkröten sind die Scharnierschildkröten der Gattung *Cuora*. Der Name bezieht sich darauf, daß der Bauchpanzer durch eine Querfurche geteilt ist, in der der vordere und der hintere Teil beweglich miteinander verbunden sind, wodurch die Schildkröte in der Lage ist, den Panzer fast vollständig zu verschließen.

Am häufigsten angeboten wird die in Südostasien weit verbreitete Amboina – Scharnierschildkröte (*Cuora amboinensis*). Sie wird etwa 20 cm lang. Der Panzer ist dunkelbraun, ziemlich hoch gewölbt, fast halbkugelig. Bei Jungtieren sind drei Längskiele erkennbar, die im Alter verschwinden. Der Kopf weist seitlich gelbe und braune Längsstreifen auf.

Da die Art keine gute Schwimmerin ist, bewohnt sie in ihrer Heimat flache, ruhige Gewässer wie Tümpel, Gräben und Reisfelder. Die Fütterung erfolgt mit gemischter tierischer und pflanzlicher Kost. Die Haltungstemperatur soll ganzjährig 24–30 °C betra-

gen. Auch diese Art dient in Südostasien der Bevölkerung in großem Umfang als Nahrungsmittel.

Eine weitere sehr schöne Art ist die Gelbrand-Scharnierschildkröte (*Cuora flavomarginata*). Sie wird etwa 16 cm lang und lebt in Südchina, auf Taiwan und den Ryu-Kyu-Inseln. Ihr Panzer ist braun. Über den Rückenfirst zieht sich ein unterbrochenes, gelbliches Band. Der Kopf ist oben braun-oliv, seitlich heller mit einem hellgelben, dun-

kel eingefaßten Streifen hinter dem Auge.

Die Gelbrand-Scharnierschildkröte bewohnt Sumpfgebiete und Reisfelder. Bei dieser Art leben die Jungtiere mehr im Wasser und fressen gemischte Kost. Je älter sie werden, desto mehr gehen sie an Land und stellen sich ganz überwiegend auf pflanzliche Kost um.

Dementsprechend soll ihr Terrarium einen großen Landteil mit Verstecken und einer Wärmelampe

Gelbrand-Dosenschildkröte

und einen kleinen flachen Wasserteil haben. Der Wasserstand soll nur wenig mehr als die Panzerbreite betragen. Jungtiere können wie junge Schmuckschildkröten ernährt werden. Für Erwachsene ist ein Angebot von Grünfutter und Obst, gelegentlich mit etwas Vita-Kalk bestäubt, und hin und wieder ein Regenwurm das richtige Menue.

Unverträgliche Männchen
Allgemein gelten die Scharnierschildkröten als friedlich, was für Jungtiere und Weibchen auch zutrifft. Bei geschlechtsreifen Männchen ist das anders. Große Männchen der *Cuora amboinensis* sorgen durch ihre dauernde Belästigung aller Mitbewohner für viel Unruhe und werden dann besser separat untergebracht. Den Versuch, zwei Paare der *C. flavomarginata* gemeinsam zu halten, mußte ich abbrechen, weil das stärkere Männchen seinen Rivalen nicht mehr ins Wasser ließ und ihn auch an Land häufig angriff.

MOSCHUS-SCHILDKRÖTEN

Für den Liebhaber interessant ist eine Gruppe von Wasserschildkröten, die nach Aussehen und Lebensweise von den Sumpf-schildkröten stark abweicht: die Moschus- und Klappschildkröten der Familie Kinosternidae. Insbesondere die in den USA vorkommenden Arten sind gut zu halten, weil sie mit 10 bis 14 cm nicht sehr groß werden und verhältnismäßig wenig Platz brauchen. Da sie untereinander und anderen Schildkröten gegenüber recht unverträglich sind, sollte man sie allein oder allenfalls paarweise halten.
Im letzten Fall muß man aber auch im Wasserteil Versteckmöglichkeiten mit Wurzeln etc. einbauen, damit das Weibchen sich seinem Partner auch einmal entziehen kann.
Da Kinosterniden schlecht schwimmen und lieber auf dem Gewässergrund umherlaufen, soll der Wasserstand so niedrig sein, daß die Tiere Luft holen können, ohne sich vom Boden zu entfernen. Der Boden des Wasserteiles sollte nicht blankes Glas sein, sondern einen griffigen Belag haben, wie z.B. Kies, Schieferplatten oder Kunstrasen.
Diese Tiere sonnen sich gelegentlich auch, sind aber nicht so stark darauf angewiesen wie die Schmuckschildkröten.
Ihre Lieblingsnahrung sind Wasserschnecken, deren

Klappbrust-Schildkröte

Gehäuse sie mit ihren sehr kräftigen Kiefern leicht knacken können. Aber auch jede andere tierische Nahrung ist willkommen. Pflanzliches wird gelegentlich, aber nicht von allen Moschus-Schildkröten angenommen.
Die Panzerform der Kinosterniden ist mäßig gewölbt und länglich. Die meist kleineren Männchen kann man gut daran erkennen, daß ihr Schwanz nicht nur breiter im Ansatz ist, sondern auch am Ende einen Hornnagel hat.
Am häufigsten wird wohl die Moschusschildkröte gehalten (*Sternotherus odoratus*). Sie ist fast im ganzen Osten der USA verbreitet, von Südkanada bis zur Golfküste. Erkennen kann man sie an zwei hellen Längsstreifen an den Kopfseiten.
Eine nahe Verwandte der Moschusschildkröte ist

Sternotherus minor. Sie lebt nur im Südosten der USA und ist daher etwas wärmebedürftiger. Sie wird 10–12 cm groß und unterscheidet sich von der Moschusschildkröte durch ihre Zeichnung, die aus zahlreichen dunklen Punkten und Streifen auf hellem Untergrund besteht.

Die *Sternotherus*-Arten haben nur einen kleinen Bauchpanzer, dessen Vorderteil etwas angezogen werden kann, aber die Unterseite nie ganz verschließt.

KLAPPSCHILD-KRÖTEN

Im Gegensatz dazu haben die Klappschildkröten der Gattung *Kinosternon* einen größeren Bauchpanzer mit zwei deutlichen Quergelenken, so daß sie den Panzer vorne und hinten völlig verschließen können. Am häufigsten ist die 10–13 cm große, im Süden der USA verbreitete *Kinosternon subrubrum.* Sie ist leider recht unverträglich und bissig. Man hält sie am besten allein und setzt bei Zuchtabsichten die Partner nur vorübergehend zusammen. Etwas ruhiger und umgänglicher ist nach meiner Erfahrung die Florida-Klappschildkröte *Kinosternon bauri,* kenntlich an den drei hellen Längsstreifen auf dem braunen Rückenpanzer.

Weitere Kinosterniden gibt es im Südwesten der USA und in Mittelamerika, die aber selten zu bekommen sind.

ANDERE SCHILD-KRÖTEN

Von den vielen hier nicht angesprochenen Schildkrötenarten aus aller Welt können – soweit sie nicht streng geschützt sind – gelegentlich Tiere angeboten werden.

Die Ansprüche solcher Schildkrötenarten können sehr unterschiedlich sein. Deshalb orientiere man sich auf jeden Fal vor einem eventuellen Kauf sehr gründlich durch Fachliteratur oder Auskünfte erfahrener Liebhaber. So sollte man z.B. wissen, daß die hin und wieder angebotenen nordamerikanischen Schnappschildkröten (*Chelydra serpentina*) schnell wachsen, und dabei eine Länge von fast 50 cm und ein Gewicht von 25 kg erreichen können.

DER TIP: Ausdrücklich warnen muß man vor den in den letzter Jahren öfter angebotener Babys asiatischer Weichschildkröten. Diese Tiere werden sehr groß, sind unverträgliche Einzelgänger und stellen sehr spezielle Anforderungen an ihre Umgebung.

Moschus-Schildkröte

ADRESSEN

Deutsche Gesellschaft für
Herpetologie und Terrarien-
kunde (DGHT) e.V.
Geschäftsstelle
Postfach 14 21
D-53351 Rheinbach
Zeitschrift: „Salamandra"

Verband Deutscher Vereine
für Aquarien- und Terrarien-
kunde (VDA)
Geschäftsstelle
Luxemburger Str. 16
44789 Bochum
Tel.: 02 34–38 16 50
Fax: 02 34–38 25 90
Zeitschrift: „Datz"

Societas Europaea Herpeto-
logica (SEH)
Naturhistorisches Museum
Postfach 417
A-1014 Wien

LITERATUR

Engert, R.: Schildkröten der
Gattung Graptemys, insbe-
sondere Graptemys flavima-
culata, ihre Pflege und Zucht.
Herpetofauna 8, 42, 17–22,
1986.
Fritz, U. und **H.D. Bienert:**
Übersicht über die neuwelt-
liche Sumpfschildkrötengat-
tung Chrysemys Gray. Herpe-
tofauna 3, 10, 17-22, 1981.
Gabrisch, K. und **P. Zwart:**
Krankheiten der Heimtiere.
Schlütersche Verlagsanstalt,
Hannover 1984.
Klingelhöfer, W.: Terrarien-
kunde; 4. Teil: Schlangen,
Schildkröten, Panzerechsen,
Reptilienzucht. Kernen, Stutt-
gart 1959.
Kölle, Dr. med. vet. Petra:
Reptilienkrankheiten. Kosmos,
Stuttgart 2002

Nietzke, G.: Die Terrarientie-
re, Band I. Ulmer, Stuttgart
1969.
Nöllert, A.: Schildkröten.
Landbuch, Hannover 1987.
Obst, F.J.: Die Welt der Schild-
kröten. Edition Leipzig, 1985.
Obst, F.J.: Schmuckschildkrö-
ten. Neue Brehm-Bücherei,
Ziemsen-Verlag, Wittenberg-
Lutherstadt 1985.
Rogner, Heidi: Landschildkrö-
ten. Kosmos, Stuttgart 2002
Rogner, Manfred: Meine
Schmuckschildkröten. Kosmos,
Stuttgart 2002
Wermuth, H. und **R. Mertens:**
Schildkröten, Krokodile,
Brückenechsen. Gustav Fi-
scher, Jena 1961.

REGISTER

BILDNACHWEIS

Fotos von Peter Beck (6, S. 4, 22 o, 23, 24 u, 26, 42), Horst Bielfeld (4, S. 1 r, 24 o, 48, 49), Karl Albert Frickhinger (1, S. 5), Dr. Fritz Fröhlich (9, S. 9, 13, 16, 20 o, 53, 58), Juniors Bildarchiv (2, Hecht 17, Holzapfel 30 u), Burkard Kahl (44), Dr. Rudolf König (5, S. 15, 21, 25, 32, Innenklappe ur), Werner Layer (1, S. 7 o), Horst Mayer (6, S. 8 r, 10 ur, 18, 19, 59, Innenklappe ol), Ingeborg Polaschek (1, S. 28), Reinhard-Tierfoto (5, S. 2 u, 30 o, 33, 36, 41 u), Schäfer (2, S. 50 o, 50 m), Artur Wagner (2, S. 51, 52), Margret Witzke (Außenklappe unten).

Bücher · Kalender · Spiele Experimentierkästen · CDs · Videos

Natur · Garten & Zimmerpflanzen · Heimtiere · Pferde & Reiten · Astronomie · Angeln & Jagd · Eisenbahn & Nutzfahrzeuge · Kinder & Jugend

Informationen senden wir Ihnen gerne zu

KOSMOS

Postfach 10 60 11
D-70049 Stuttgart
TELEFON +49 (0)711-2191-0
FAX +49 (0)711-2191-422
WEB www.kosmos.de
E-MAIL info@kosmos.de

IMPRESSUM

Umschlaggestaltung von Friedhelm Steinen-Broo, eStudio Calamar unter Verwendung von 4 Farbaufnahmen von Burkard Kahl.

Mit 2 Zeichnungen von Firma EHEIM/F. Mayer (S. 27) und Irmgard Engelhard (S. 37) und 89 Farbfotos.

Bibliografische Information Der Deutschen Bibliothek
Die Deutsche Bibliothek verzeichnet diese Publikation in der Deutschen Nationalbibliografie; detaillierte bibliografische Daten sind im Internet über http://dnb.ddb.de abrufbar.

2. Auflage
© 1995, 2002, Franckh-Kosmos GmbH & Co., Stuttgart
Alle Rechte vorbehalten.
ISBN 3-440-08963-0
Lektorat: Angela Wolf
Grundlayout: Atelier Reichert, Stuttgart
Gestaltung: Gisela Dürr, München
Satz: ad hoc! Typographie, Ostfildern
Printed in Italy/Imprimé en Italie
Druck und Buchbinder: Printer Trento S. r. l., Trento

PFLEGEPLAN FÜR SCHMUCKSCHILDKRÖTEN

täglich

▶ Wasserstand kontrollieren
▶ funktioniert die Technik?
▶ fühlen sich die Tiere wohl?

wöchentlich

▶ zwei- bis fünfmal (je nach Alter der Tiere) füttern und dabei das Verhalten der Tiere genau beobachten
▶ ein- bis zweimal den Wasserzustand prüfen und das Wasser teilweise oder ganz wechseln; falls vorhanden, den Filter reinigen
▶ einmal Futter beschaffen (z.B. Vorrat prüfen, Einkaufen, Wasserflöhe fangen, Regenwürmer suchen)
▶ Tiere in die Hand nehmen, um ihren Zustand genau zu prüfen (siehe S. 44)

monatlich

▶ Jungtiere wiegen und Gewicht aufschreiben
▶ überwinternde Tiere kontrollieren

vierteljährlich

▶ erwachsene Tiere wiegen und Gewicht aufschreiben

im Herbst

▶ spätestens im September überlegen, wie die Tiere überwintern sollen (siehe S. 40)

im Frühjahr

▶ je nach Überwinterungsmethode im Februar, März oder April die Tiere aus dem Winterquartier holen, schrittweise an höhere Temperaturen gewöhnen, wiegen und Gesundheitszustand prüfen

TIERPASS UND INSTRUKTIONEN FÜR DIE URLAUBSVERTRETUNG

Art: _____   Anzahl: _____

Geschlecht: _____   besondere Merkmale: _____

geboren am: _____   gekauft am: _____

Wichtige Anschriften

Tierarzt: _____

_____

_____

Zoofachhändler: _____

_____

_____

sonstige: _____

_____

_____

Urlaubsanschrift: _____

_____

_____

Fütterungs- und Pflegehinweise: _____

_____

_____

_____

_____